Freud | Das Unbewusste

Sigmund Freud
Das Unbewusste

Herausgegeben von Lothar Bayer
und Hans-Martin Lohmann

Reclam

RECLAMS UNIVERSAL-BIBLIOTHEK Nr. 18955
2016 Philipp Reclam jun. Verlag GmbH,
Siemensstraße 32, 71254 Ditzingen
info@reclam.de
Gestaltung: Cornelia Feyll, Friedrich Forssman
Druck und Bindung: Elanders Waiblingen GmbH,
Anton-Schmidt-Straße 15, 71332 Waiblingen
Printed in Germany 2026
RECLAM, UNIVERSAL-BIBLIOTHEK und
RECLAMS UNIVERSAL-BIBLIOTHEK sind eingetragene Marken
der Philipp Reclam jun. GmbH & Co. KG, Stuttgart
ISBN 978-3-15-018955-9
reclam.de

Das Unbewußte

Aus: *Zur Technik der Psychoanalyse* (1924)

Wir haben aus der Psychoanalyse erfahren, das Wesen des Prozesses der Verdrängung bestehe nicht darin, eine den Trieb repräsentierende Vorstellung aufzuheben, zu vernichten, sondern sie vom Bewußtwerden abzuhalten. Wir sagen dann, sie befinde sich im Zustande des »Unbewußten«, und haben gute Beweise dafür vorzubringen, daß sie auch unbewußt Wirkungen äußern kann, auch solche, die endlich das Bewußtsein erreichen. Alles Verdrängte muß unbewußt bleiben, aber wir wollen gleich eingangs feststellen, daß das Verdrängte nicht alles Unbewußte deckt. Das Unbewußte hat den weiteren Umfang; das Verdrängte ist ein Teil des Unbewußten.

Wie sollen wir zur Kenntnis des Unbewußten kommen? Wir kennen es natürlich nur als Bewußtes, nachdem es eine Umsetzung oder Übersetzung in Bewußtes erfahren hat. Die psychoanalytische Arbeit läßt uns alltäglich die Erfahrung machen, daß solche Übersetzung möglich ist. Es wird hiezu erfordert, daß der Analysierte gewisse Widerstände überwinde, die nämlichen, welche es seinerzeit durch Abweisung vom Bewußten zu einem Verdrängten gemacht haben.

I Die Rechtfertigung des Unbewußten

Die Berechtigung, ein unbewußtes Seelisches anzunehmen und mit dieser Annahme wissenschaftlich zu arbeiten, wird uns von vielen Seiten bestritten. Wir können dagegen anführen, daß die Annahme des Unbewußten *notwendig* und *legitim* ist, und daß wir für die Existenz des Unbewußten mehrfache *Beweise* besitzen. Sie ist notwendig, weil die Daten des Bewußtseins in hohem Grade lückenhaft sind; sowohl bei Gesunden als bei Kranken kommen häufig psychische Akte vor, welche zu ihrer Erklärung andere Akte voraussetzen, für die aber das Bewußtsein nicht zeugt. Solche Akte sind nicht nur die Fehlhandlungen und die Träume bei Gesunden, alles, was man psychische Symptome und Zwangserscheinungen heißt, bei Kranken – unsere persönlichste tägliche Erfahrung macht uns mit Einfällen bekannt, deren Herkunft wir nicht kennen, und mit Denkresultaten, deren Ausarbeitung uns verborgen geblieben ist. Alle diese bewußten Akte blieben zusammenhanglos und unverständlich, wenn wir den Anspruch festhalten wollen, daß wir auch alles durchs Bewußtsein erfahren müssen, was an seelischen Akten in uns vorgeht, und ordnen sich in einen aufzeigbaren Zusammenhang ein, wenn wir die erschlossenen unbewußten Akte interpolieren. Gewinn an Sinn und Zusammenhang ist aber ein vollberechtigtes Motiv, das uns über die unmittelbare Erfahrung hinaus führen darf. Zeigt es sich dann noch, daß wir auf die Annahme des Unbewußten ein erfolgreiches Handeln aufbauen können, durch welches wir den Ablauf der bewußten Vorgänge zweckdienlich beeinflussen, so haben wir in diesem Erfolg einen unanfechtbaren Beweis für die Existenz des Angenommenen gewonnen. Man muß sich dann auf den Standpunkt stellen, es sei nichts anderes als eine *unhaltbare Anmaßung*, zu fordern, daß alles, was im Seelischen vorgeht, auch dem Bewußtsein bekannt werden müsse.

Man kann weiter gehen und zur Unterstützung eines unbewußten psychischen Zustandes anführen, daß das Bewußtsein in jedem Moment nur einen geringen Inhalt umfaßt, so daß der größte Teil dessen, was wir bewußte Kenntnis heißen, sich ohnedies über die längsten Zeiten im Zustande der Latenz, also in einem Zustande von psychischer Unbewußtheit, befinden muß. Der Widerspruch gegen das Unbewußte würde mit Rücksicht auf alle unsere latenten Erinnerungen völlig unbegreiflich werden. Wir stoßen dann auf den Einwand, daß diese latenten Erinnerungen nicht mehr als psychisch zu bezeichnen seien, sondern den Resten von somatischen Vorgängen entsprechen, aus denen das Psychische wieder hervorgehen kann. Es liegt nahe zu erwidern, die latente Erinnerung sei im Gegenteil ein unzweifelhafter Rückstand eines psychischen Vorganges. Wichtiger ist es aber sich klarzumachen, daß der Einwand auf der nicht ausgesprochenen, aber von vornherein fixierten Gleichstellung des Bewußten mit dem Seelischen ruht. Diese Gleichstellung ist entweder eine petitio principii, welche die Frage, ob alles Psychische auch bewußt sein müsse, nicht zuläßt, oder eine Sache der Konvention, der Nomenklatur. In letzterem Charakter ist sie natürlich wie jede Konvention unwiderlegbar. Es bleibt nur die Frage offen, ob sie sich als so zweckmäßig erweist, daß man sich ihr anschließen muß. Man darf antworten, die konventionelle Gleichstellung des Psychischen mit dem Bewußten ist durchaus unzweckmäßig. Sie zerreißt die psychischen Kontinuitäten, stürzt uns in die unlösbaren Schwierigkeiten des psychophysischen Parallelismus, unterliegt dem Vorwurf, daß sie ohne einsichtliche Begründung die Rolle des Bewußtseins überschätzt, und nötigt uns, das Gebiet der psychologischen Forschung vorzeitig zu verlassen, ohne uns von anderen Gebieten her Entschädigung bringen zu können.

Immerhin ist es klar, daß die Frage, ob man die unabweisbaren latenten Zustände des Seelenlebens als unbewußte seelische oder als physische auffassen soll, auf einen Wortstreit hinauszulaufen droht. Es ist darum ratsam, das in den Vordergrund zu rücken, was uns von der Natur dieser fraglichen Zustände mit Sicherheit bekannt ist. Nun sind sie uns nach ihren physischen Charakteren vollkommen unzugänglich; keine physiologische Vorstellung, kein chemischer Prozeß kann uns eine Ahnung von ihrem Wesen vermitteln. Auf der anderen

Seite steht fest, daß sie mit den bewußten seelischen Vorgängen die ausgiebigste Berührung haben; sie lassen sich mit einer gewissen Arbeitsleistung in sie umsetzen, durch sie ersetzen, und sie können mit all den Kategorien beschrieben werden, die wir auf die bewußten Seelenakte anwenden, als Vorstellungen, Strebungen, Entschließungen u. dgl. Ja, von manchen dieser latenten Zustände müssen wir aussagen, sie unterscheiden sich von den bewußten eben nur durch den Wegfall des Bewußtseins. Wir werden also nicht zögern, sie als Objekte psychologischer Forschung und in innigstem Zusammenhang mit den bewußten seelischen Akten zu behandeln.

Die hartnäckige Ablehnung des psychischen Charakters der latenten seelischen Akte erklärt sich daraus, daß die meisten der in Betracht kommenden Phänomene außerhalb der Psychoanalyse nicht Gegenstand des Studiums geworden sind. Wer die pathologischen Tatsachen nicht kennt, die Fehlhandlungen der Normalen als Zufälligkeiten gelten läßt und sich bei der alten Weisheit bescheidet, Träume seien Schäume, der braucht dann nur noch einige Rätsel der Bewußtseinspsychologie zu vernachlässigen, um sich die Annahme unbewußter seelischer Tätigkeit zu ersparen. Übrigens haben die hypnotischen Experimente, besonders die posthypnotische Suggestion, Existenz und Wirkungsweise des seelisch Unbewußten bereits vor der Zeit der Psychoanalyse sinnfällig demonstriert.

Die Annahme des Unbewußten ist aber auch eine völlig l e g i t i m e, insofern wir bei ihrer Aufstellung keinen Schritt von unserer gewohnten, für korrekt gehaltenen Denkweise abweichen. Das Bewußtsein vermittelt jedem einzelnen von uns nur die Kenntnis von eigenen Seelenzuständen; daß auch ein anderer Mensch ein Bewußtsein hat, ist ein Schluß, der per analogiam auf Grund der wahrnehmbaren Äußerungen und Handlungen dieses anderen gezogen wird, um uns dieses Benehmen des anderen verständlich zu machen. (Psychologisch richtiger ist wohl die Beschreibung, daß wir ohne besondere Überlegung jedem anderen außer uns unsere eigene Konstitution, und also auch unser Bewußtsein, beilegen, und daß diese Identifizierung die Voraussetzung unseres Verständnisses ist.) Dieser Schluß – oder diese Identifizierung – wurde einst vom Ich auf andere Menschen, Tiere, Pflanzen, Unbelebtes und auf das Ganze der Welt ausgedehnt und erwies sich als brauchbar, solange die Ähnlichkeit mit dem Einzel-Ich eine überwältigend große war, wurde aber in dem Maße unverläßlicher, als sich das Andere vom Ich entfernte. Unsere heutige Kritik wird bereits beim Bewußtsein der Tiere unsicher, verweigert sich dem Bewußtsein der Pflanzen und weist die Annahme eines Bewußtseins des Unbelebten der Mystik zu. Aber auch, wo die ursprüngliche Identifizierungsneigung die kritische Prüfung bestanden hat, bei dem uns nächsten menschlichen Anderen, ruht die Annahme eines Bewußtseins auf einem Schluß und kann nicht die unmittelbare Sicherheit unseres eigenen Bewußtseins teilen.

Die Psychoanalyse fordert nun nichts anderes, als daß dieses Schlußverfahren auch gegen die eigene Person gewendet werde, wozu eine konstitutionelle Neigung allerdings nicht besteht. Geht man so vor, so muß man sagen, alle die Akte und Äußerungen, die ich an mir bemerke und mit meinem sonstigen psychischen Leben nicht zu verknüpfen weiß, müssen beurteilt werden, als ob sie einer anderen Person angehörten, und sollen durch ein ihr zugeschriebenes Seelenleben Aufklärung finden. Die Erfahrung zeigt auch, daß man dieselben Akte, denen man bei der eigenen Person die psychische Anerkennung verweigert, bei anderen sehr wohl zu deuten, d. h. in den seelischen Zusammenhang einzureihen versteht. Unsere Forschung wird hier offenbar durch ein besonderes Hindernis von der eigenen Person abgelenkt und an deren richtiger Erkenntnis behindert.

Dies trotz inneren Widerstrebens gegen die eigene Person gewendete Schlußverfahren führt nun nicht zur Aufdeckung eines Unbewußten, sondern korrekterweise zur Annahme eines anderen zweiten Bewußtseins, welches mit dem mir bekannten in meiner Person vereinigt ist. Allein hier findet die Kritik berechtigten Anlaß, einiges einzuwerfen. Erstens ist ein Bewußtsein, von dem der eigene Träger nichts weiß, noch etwas anderes als ein fremdes Bewußtsein, und es wird fraglich, ob ein solches Bewußtsein, dem der wichtigste Charakter abgeht, überhaupt noch Diskussion verdient. Wer sich gegen die Annahme eines unbewußten Psychischen gesträubt hat, der wird nicht zufrieden sein können, dafür ein *unbewußtes Bewußtsein* einzutauschen. Zweitens weist die Analyse darauf hin, daß die einzelnen latenten Seelenvorgänge, die wir erschließen, sich eines hohen Grades von gegenseitiger Unabhängigkeit erfreuen, so als ob sie miteinander nicht in Verbindung stünden und nichts voneinander wüßten. Wir müssen also bereit sein, nicht nur ein zweites Bewußtsein in uns anzunehmen, sondern auch ein drittes, viertes, vielleicht eine unabschließbare Reihe von Bewußtseinszuständen, die sämtlich uns und miteinander unbekannt sind. Drittens kommt als schwerstes Argument in Betracht, daß wir durch die analytische Untersuchung erfahren, ein Teil dieser latenten Vorgänge besitze Charaktere und Eigentümlichkeiten, welche uns fremd, selbst unglaublich erscheinen und den uns bekannten Eigenschaften des Bewußtseins direkt zuwiderlaufen. Somit werden wir Grund haben, den gegen die eigene Person gewendeten Schluß dahin abzuändern, er beweise uns nicht ein zweites Bewußtsein in uns, sondern die Existenz von psychischen Akten, welche des Bewußtseins entbehren. Wir werden auch die Bezeichnung eines »Unterbewußtseins« als inkorrekt und irreführend ablehnen dürfen. Die bekannten Fälle von »*double conscience*« (Bewußtseinsspaltung) beweisen nichts gegen unsere Auffassung. Sie lassen sich am zutreffendsten beschreiben als Fälle von Spaltung der seelischen Tätigkeiten in zwei Gruppen, wobei sich dann das nämliche Bewußtsein alternierend dem einen oder dem anderen Lager zuwendet.

Es bleibt uns in der Psychoanalyse gar nichts anderes übrig, als die seelischen Vorgänge für an sich unbewußt zu erklären und ihre Wahrnehmung durch das Bewußtsein mit der Wahrnehmung der Außenwelt durch die Sinnesorgane zu vergleichen. Wir hoffen sogar aus diesem Vergleich einen Gewinn für unsere Erkenntnis zu ziehen. Die psychoanalytische Annahme der unbewußten Seelentätigkeit erscheint uns einerseits als eine weitere Fortbildung des primitiven Animismus, der uns überall Ebenbilder unseres Bewußtseins vorspiegelte, und anderseits als die Fortsetzung der Korrektur, die Kant an unserer Auffassung der äußeren Wahrnehmung vorgenommen hat. Wie Kant uns gewarnt hat, die subjektive Bedingtheit unserer Wahrnehmung nicht zu übersehen und unsere Wahrnehmung nicht für identisch mit dem unerkennbaren Wahrgenommenen zu halten, so mahnt die Psychoanalyse, die Bewußtseinswahrnehmung nicht an die Stelle des unbewußten psychischen Vorganges zu setzen, welcher ihr Objekt ist. Wie das Physische, so braucht auch das Psychische nicht in Wirklichkeit so zu sein, wie es uns erscheint. Wir werden uns aber mit Befriedigung auf die Erfahrung vorbereiten, daß die Korrektur der inneren Wahrnehmung nicht ebenso große Schwierigkeit bietet wie die der äußeren, daß das innere Objekt minder unerkennbar ist als die Außenwelt.

II Die Vieldeutigkeit des Unbewußten und der topische Gesichtspunkt

Ehe wir weitergehen, wollen wir die wichtige, aber auch beschwerliche Tatsache feststellen, daß die Unbewußtheit nur ein Merkmal des Psychischen ist, welches für dessen Charakteristik keineswegs ausreicht. Es gibt psychische Akte von sehr verschiedener Dignität, die doch in dem Charakter, unbewußt zu sein, übereinstimmen. Das Unbewußte umfaßt einerseits Akte, die bloß latent, zeitweilig unbewußt sind, sich aber sonst von den bewußten in nichts unterscheiden, und anderseits Vorgänge wie die verdrängten, die, wenn sie bewußt würden, sich von den übrigen bewußten aufs grellste abheben müßten. Es würde allen Mißverständnissen ein Ende machen, wenn wir von nun an bei der Beschreibung der verschiedenartigen psychischen Akte ganz davon absehen würden, ob sie bewußt oder unbewußt sind, und sie bloß nach ihrer Beziehung zu den Trieben und Zielen, nach ihrer Zusammensetzung und Angehörigkeit zu den einander übergeordneten psychischen Systemen klassifizieren und in Zusammenhang bringen würden. Dies ist aber aus verschiedenen Gründen undurchführbar, und somit können wir der Zweideutigkeit nicht entgehen, daß wir die Worte bewußt und unbewußt bald im deskriptiven Sinne gebrauchen, bald im systematischen, wo sie dann Zugehörigkeit zu bestimmten Systemen und Begabung mit gewissen Eigenschaften bedeuten. Man könnte noch den Versuch machen, die Verwirrung dadurch zu vermeiden, daß man die erkannten psychischen Systeme mit willkürlich gewählten Namen bezeichnet, in denen die Bewußtheit nicht gestreift wird. Allein man müßte vorher Rechenschaft ablegen, worauf man die Unterscheidung der Systeme gründet, und könnte dabei die Bewußtheit nicht umgehen, da sie den Ausgangspunkt aller unserer Untersuchungen bildet. Wir können vielleicht einige Abhilfe von dem Vorschlag erwarten, wenigstens in der Schrift Bewußtsein durch die Darstellung *Bw* und Unbewußtes durch die entsprechende Abkürzung *Ubw* zu ersetzen, wenn wir die beiden Worte im systematischen Sinne gebrauchen.

In positiver Darstellung sagen wir nun als Ergebnis der Psychoanalyse aus, daß ein psychischer Akt im allgemeinen zwei Zustandsphasen durchläuft, zwischen welche eine Art Prüfung (Zensur) eingeschaltet ist. In der ersten Phase ist er unbewußt und gehört dem System *Ubw* an; wird er bei der Prüfung von der Zensur abgewiesen, so ist ihm der Übergang in die zweite Phase versagt; er heißt dann »verdrängt« und muß unbewußt bleiben. Besteht er aber diese Prüfung, so tritt er in die zweite Phase ein und wird dem zweiten System zugehörig, welches wir das System *Bw* nennen wollen. Sein Verhältnis zum Bewußtsein ist aber durch diese Zugehörigkeit noch nicht eindeutig bestimmt. Er ist noch nicht bewußt, wohl aber bewußtseinsfähig (nach dem Ausdruck von J. Breuer), d. h. er kann nun ohne besonderen Widerstand beim Zutreffen gewisser Bedingungen Objekt des Bewußtseins werden. Mit Rücksicht auf diese Bewußtseinsfähigkeit heißen wir das System *Bw* auch das »Vorbewußte«. Sollte es sich herausstellen, daß auch das Bewußtwerden des Vorbewußten durch eine gewisse Zensur mitbestimmt wird, so werden wir die Systeme *Vbw* und *Bw* strenger voneinander sondern. Vorläufig genüge es festzuhalten, daß das System *Vbw* die Eigenschaften des Systems *Bw* teilt, und daß die strenge Zensur am Übergang vom *Ubw* zum *Vbw* (oder *Bw*) ihres Amtes waltet.

Mit der Aufnahme dieser (zwei oder drei) psychischen Systeme hat sich die Psychoanalyse einen Schritt weiter von der deskriptiven Bewußtseinspsychologie entfernt, sich eine neue Fragestellung und einen neuen Inhalt beigelegt. Sie unterschied sich von der Psychologie bisher hauptsächlich durch die dynamische Auffassung der seelischen Vorgänge; nun kommt hinzu, daß sie auch die psychische Topik berücksichtigen und von einem beliebigen seelischen Akt angeben will, innerhalb welchen Systems oder zwischen welchen Systemen er sich abspielt. Wegen dieses Bestrebens hat sie auch den Namen einer Tiefenpsychologie erhalten. Wir werden hören, daß sie auch noch um einen anderen Gesichtspunkt bereichert werden kann.

Wollen wir mit einer Topik der seelischen Akte Ernst machen, so müssen wir unser Interesse einer an dieser Stelle auftauchenden Zweifelfrage zuwenden. Wenn ein psychischer Akt (beschränken wir uns hier auf einen solchen von der Natur einer Vorstellung) die Umsetzung aus dem System *Ubw* in das System *Bw* (oder *Vbw*) erfährt, sollen wir annehmen, daß mit dieser Umsetzung eine neuerliche Fixierung, gleichsam eine zweite Niederschrift der betreffenden Vorstellung verbunden ist, die also auch in einer neuen psychischen Lokalität enthalten sein kann, und neben welcher die ursprüngliche unbewußte Niederschrift fortbesteht? Oder sollen wir eher glauben, daß die Umsetzung in einer Zustandsänderung besteht, welche sich an dem nämlichen Material und an derselben Lokalität vollzieht? Diese Frage kann abstrus erscheinen, muß aber aufgeworfen werden, wenn wir uns von der psychischen Topik, der psychischen Tiefendimension, eine bestimmtere Idee bilden wollen. Sie ist schwierig, weil sie über das rein Psychologische hinausgeht und die Beziehungen des seelischen Apparates zur Anatomie streift. Wir wissen, daß solche Beziehungen im Gröbsten existieren. Es ist ein unerschütterliches Resultat der Forschung, daß die seelische Tätigkeit an die Funktion des Gehirns gebunden ist wie an kein anderes Organ. Ein Stück weiter – es ist nicht bekannt, wie weit – führt die Entdeckung von der Ungleichwertigkeit der

Gehirnteile und deren Sonderbeziehung zu bestimmten Körperteilen und geistigen Tätigkeiten. Aber alle Versuche, von da aus eine Lokalisation der seelischen Vorgänge zu erraten, alle Bemühungen, die Vorstellungen in Nervenzellen aufgespeichert zu denken und die Erregungen auf Nervenfasern wandern zu lassen, sind gründlich gescheitert. Dasselbe Schicksal würde einer Lehre bevorstehen, die etwa den anatomischen Ort des Systems *Bw*, der bewußten Seelentätigkeit, in der Hirnrinde erkennen und die unbewußten Vorgänge in die subkortikalen Hirnpartien versetzen wollte. Es klafft hier eine Lücke, deren Ausfüllung derzeit nicht möglich ist, auch nicht zu den Aufgaben der Psychologie gehört. Unsere psychische Topik hat *vorläufig* nichts mit der Anatomie zu tun; sie bezieht sich auf Regionen des seelischen Apparats, wo immer sie im Körper gelegen sein mögen, und nicht auf anatomische Örtlichkeiten.

Unsere Arbeit ist also in dieser Hinsicht frei und darf nach ihren eigenen Bedürfnissen vorgehen. Es wird auch förderlich sein, wenn wir uns daran mahnen, daß unsere Annahmen zunächst nur den Wert von Veranschaulichungen beanspruchen. Die erstere der beiden in Betracht gezogenen Möglichkeiten, nämlich daß die *bw* Phase der Vorstellung eine neue, an anderem Orte befindliche Niederschrift derselben bedeute, ist unzweifelhaft die gröbere, aber auch die bequemere. Die zweite Annahme, die einer bloß *funktionellen* Zustandsänderung, ist die von vornherein wahrscheinlichere, aber sie ist minder plastisch, weniger leicht zu handhaben. Mit der ersten, der topischen Annahme ist die einer topischen Trennung der Systeme *Ubw* und *Bw* und die Möglichkeit verknüpft, daß eine Vorstellung gleichzeitig an zwei Stellen des psychischen Apparats vorhanden sei, ja, daß sie, wenn durch die Zensur ungehemmt, regelmäßig von dem einen Ort an den anderen vorrücke, eventuell, ohne ihre erste Niederlassung oder Niederschrift zu verlieren. Das mag befremdlich aussehen, kann sich aber an Eindrücke aus der psychoanalytischen Praxis anlehnen.

Wenn man einem Patienten eine seinerzeit von ihm verdrängte Vorstellung, die man erraten hat, mitteilt, so ändert dies zunächst an seinem psychischen Zustand nichts. Es hebt vor allem nicht die Verdrängung auf, macht deren Folgen nicht rückgängig, wie man vielleicht erwarten konnte, weil die früher unbewußte Vorstellung nun bewußt geworden ist. Man wird im Gegenteil zunächst nur eine neuerliche Ablehnung der verdrängten Vorstellung erzielen. Der Patient hat aber jetzt tatsächlich dieselbe Vorstellung in zweifacher Form an verschiedenen Stellen seines seelischen Apparats, erstens hat er die bewußte Erinnerung an die Gehörspur der Vorstellung durch die Mitteilung, zweitens trägt er daneben, wie wir mit Sicherheit wissen, die unbewußte Erinnerung an das Erlebte in der früheren Form in sich. In Wirklichkeit tritt nun eine Aufhebung der Verdrängung nicht eher ein, als bis die bewußte Vorstellung sich nach Überwindung der Widerstände mit der unbewußten Erinnerungsspur in Verbindung gesetzt hat. Erst durch das Bewußtmachen dieser letzteren selbst wird der Erfolg erreicht. Damit schiene ja für oberflächliche Erwägung erwiesen, daß bewußte und unbewußte Vorstellungen verschiedene und topisch gesonderte Niederschriften des nämlichen Inhaltes sind. Aber die nächste Überlegung zeigt, daß die Identität der Mitteilung mit der verdrängten Erinnerung des Patienten nur eine scheinbare ist. Das Gehörthaben und das Erlebthaben sind zwei nach ihrer psychologischen Natur ganz verschiedene Dinge, auch wenn sie den nämlichen Inhalt haben.

Wir sind also zunächst nicht imstande, zwischen den beiden erörterten Möglichkeiten zu entscheiden. Vielleicht treffen wir späterhin auf Momente, welche für eine von beiden den Ausschlag geben können. Vielleicht steht uns die Entdeckung bevor, daß unsere Fragestellung unzureichend war, und daß die Unterscheidung der unbewußten Vorstellung von der bewußten noch ganz anders zu bestimmen ist.

III Unbewußte Gefühle

Wir haben die vorstehende Diskussion auf Vorstellungen eingeschränkt und können nun eine neue Frage aufwerfen, deren Beantwortung zur Klärung unserer theoretischen Ansichten beitragen muß. Wir sagten, es gäbe bewußte und unbewußte Vorstellungen; gibt es aber auch unbewußte Triebregungen, Gefühle, Empfindungen, oder ist es diesmal sinnlos, solche Zusammensetzungen zu bilden?

Ich meine wirklich, der Gegensatz von Bewußt und Unbewußt hat auf den Trieb keine Anwendung. Ein Trieb kann nie Objekt des Bewußtseins werden, nur die Vorstellung, die ihn repräsentiert. Er kann aber auch im Unbewußten nicht anders als durch die Vorstellung repräsentiert sein. Würde der Trieb sich nicht an eine Vorstellung heften oder nicht als ein Affektzustand zum Vorschein kommen, so könnten wir nichts von ihm wissen. Wenn wir aber doch von einer unbewußten Triebregung oder einer verdrängten Triebregung reden, so ist dies eine harmlose Nachlässigkeit des Ausdrucks. Wir können nichts anderes meinen als eine Triebregung, deren Vorstellungsrepräsentanz unbewußt ist, denn etwas anderes kommt nicht in Betracht.

Man sollte meinen, die Antwort auf die Frage nach den unbewußten Empfindungen, Gefühlen, Affekten sei ebenso leicht zu geben. Zum Wesen eines Gefühls gehört es doch, daß es verspürt, also dem Bewußtsein bekannt wird. Die Möglichkeit einer Unbewußtheit würde also für Gefühle, Empfindungen, Affekte völlig entfallen. Wir sind aber in der psychoanalytischen Praxis gewöhnt, von unbewußter Liebe, Haß, Wut usw. zu sprechen und finden selbst die befremdliche Vereinigung »unbewußtes Schuldbewußtsein« oder eine paradoxe »unbewußte Angst« unvermeidlich. Geht dieser Sprachgebrauch an Bedeutung über den im Falle des »unbewußten Triebes« hinaus?

Der Sachverhalt ist hier wirklich ein anderer. Es kann zunächst vorkommen, daß eine Affekt- oder Gefühlsregung wahrgenommen, aber verkannt wird. Sie ist durch die Verdrängung ihrer eigentlichen Repräsentanz zur Verknüpfung mit einer anderen Vorstellung genötigt worden und wird nun vom Bewußtsein für die Äußerung dieser letzteren gehalten. Wenn wir den richtigen Zusammenhang wieder herstellen, heißen wir die ursprüngliche Affektregung eine »unbewußte«, obwohl ihr Affekt niemals unbewußt war, nur ihre Vorstellung der Verdrängung erlegen ist. Der Gebrauch der Ausdrücke »unbewußter Affekt und unbewußtes Gefühl« weist überhaupt auf die Schicksale des quantitativen Faktors der Triebregung infolge der Verdrängung zurück (siehe die Abhandlung über Verdrängung). Wir wissen, daß dies Schicksal ein dreifaches sein kann; der Affekt bleibt entweder – ganz oder teilweise – als solcher bestehen, oder er erfährt eine Verwandlung in einen qualitativ anderen Affektbetrag, vor allem in Angst, oder er wird unterdrückt, d.h. seine Entwicklung überhaupt verhindert. (Diese Möglichkeiten sind an der Traumarbeit vielleicht noch leichter zu studieren als bei den Neurosen.) Wir wissen auch, daß die Unterdrückung der Affektentwicklung das eigentliche Ziel der Verdrängung ist, und daß deren Arbeit unabgeschlossen bleibt, wenn das Ziel nicht erreicht wird. In allen Fällen, wo der Verdrängung die Hemmung der Affektentwicklung gelingt, heißen wir die Affekte, die wir im Redressement der Verdrängungsarbeit wieder einsetzen, »unbewußte«. Dem Sprachgebrauch ist also die Konsequenz nicht abzustreiten; es besteht aber im Vergleiche mit der unbewußten Vorstellung der bedeutsame Unterschied, daß die unbewußte Vorstellung nach der Verdrängung als reale Bildung im System *Ubw* bestehen bleibt, während dem unbewußten Affekt ebendort nur eine Ansatzmöglichkeit, die nicht zur Entfaltung kommen durfte, entspricht. Streng genommen und obwohl der Sprachgebrauch tadellos bleibt, gibt es also keine unbewußten Affekte, wie es unbewußte Vorstellungen gibt. Es kann aber sehr wohl im System *Ubw* Affektbildungen geben, die wie andere bewußt werden. Der ganze Unterschied rührt daher, daß Vorstellungen Besetzungen – im Grunde von Erinnerungsspuren – sind, während die Affekte und Gefühle Abfuhrvorgängen entsprechen, deren letzte Äußerungen als Empfindungen wahrgenommen werden. Im gegenwärtigen Zustand unserer Kenntnis von den Affekten und Gefühlen können wir diesen Unterschied nicht klarer ausdrücken.

Die Feststellung, daß es der Verdrängung gelingen kann, die Umsetzung der Triebregung in Affektäußerung zu hemmen, ist für uns von besonderem Interesse. Sie zeigt uns, daß das System *Bw* normalerweise die Affektivität wie den Zugang zur Motilität beherrscht, und hebt den Wert der Verdrängung, indem sie als deren Folgen nicht nur die Abhaltung vom Bewußtsein, sondern auch von der Affektentwicklung und von der Motivierung der Muskeltätigkeit aufzeigt. Wir können auch in umgekehrter Darstellung sagen: Solange das System *Bw* Affektivität und Motilität beherrscht, heißen wir den psychischen Zustand des Individuums normal. Indes ist ein Unterschied in der Beziehung des herrschenden Systems zu den beiden einander nahe stehenden Abfuhraktionen unverkennbar.[1] Während die Herrschaft des *Bw* über die willkürliche Mo-

1 Die Affektivität äußert sich wesentlich in motorischer (sekretorischer, gefäßregulierender) Abfuhr zur (inneren) Veränderung des

tilität fest gegründet ist, dem Ansturm der Neurose regelmäßig widersteht und erst in der Psychose zusammenbricht, ist die Beherrschung der Affektentwicklung durch *Bw* minder gefestigt. Noch innerhalb des normalen Lebens läßt sich ein beständiges Ringen der beiden Systeme *Bw* und *Ubw* um den Primat in der Affektivität erkennen, grenzen sich gewisse Einflußsphären voneinander ab und stellen sich Vermengungen der wirksamen Kräfte her.

Die Bedeutung des Systems *Bw (Vbw)* für die Zugänge zur Affektentbindung und Aktion macht uns auch die Rolle verständlich, welche in der Krankheitsgestaltung der Ersatzvorstellung zufällt. Es ist möglich, daß die Affektentwicklung direkt vom System *Ubw* ausgeht, in diesem Falle hat sie immer den Charakter der Angst, gegen welche alle »verdrängten« Affekte eingetauscht werden. Häufig aber muß die Triebregung warten, bis sie eine Ersatzvorstellung im System *Bw* gefunden hat. Dann ist die Affektentwicklung von diesem bewußten Ersatz her ermöglicht und der qualitative Charakter des Affekts durch dessen Natur bestimmt. Wir haben behauptet, daß bei der Verdrängung eine Trennung des Affekts von seiner Vorstellung stattfindet, worauf beide ihren gesonderten Schicksalen entgegengehen. Das ist deskriptiv unbestreitbar; der wirkliche Vorgang aber ist in der Regel, daß ein Affekt so lange nicht zustande kommt, bis nicht der Durchbruch zu einer neuen Vertretung im System *Bw* gelungen ist.

eigenen Körpers ohne Beziehung zur Außenwelt, die Motilität in Aktionen, die zur Veränderung der Außenwelt bestimmt sind.

IV Topik und Dynamik der Verdrängung

Wir haben das Resultat erhalten, daß die Verdrängung im wesentlichen ein Vorgang ist, der sich an Vorstellungen an der Grenze der Systeme *Ubw* und *Vbw (Bw)* vollzieht, und können nun einen neuerlichen Versuch machen, diesen Vorgang eingehender zu beschreiben. Es muß sich dabei um eine Entziehung von Besetzung handeln, aber es fragt sich, in welchem System findet die Entziehung statt, und welchem System gehört die entzogene Besetzung an.

Die verdrängte Vorstellung bleibt im *Ubw* aktionsfähig; sie muß also ihre Besetzung behalten haben. Das Entzogene muß etwas anderes sein. Nehmen wir den Fall der eigentlichen Verdrängung vor (des Nachdrängens), wie sie sich an der vorbewußten oder selbst bereits bewußten Vorstellung abspielt, dann kann die Verdrängung nur darin bestehen, daß der Vorstellung die (vor)bewußte Besetzung entzogen wird, die dem System *Vbw* angehört. Die Vorstellung bleibt dann unbesetzt oder sie erhält Besetzung vom *Ubw* her, oder sie behält die *ubw* Besetzung, die sie schon früher hatte. Also Entziehung der vorbewußten, Erhaltung der unbewußten Besetzung oder Ersatz der vorbewußten Besetzung durch eine unbewußte. Wir bemerken übrigens, daß wir dieser Betrachtung wie unabsichtlich die Annahme zu Grunde gelegt haben, der Übergang aus dem System *Ubw* in ein nächstes geschehe nicht durch eine neue Niederschrift, sondern durch eine Zustandsänderung, einen Wandel in der Besetzung. Die funktionale Annahme hat hier die topische mit leichter Mühe aus dem Felde geschlagen.

Dieser Vorgang der Libidoentziehung reicht aber nicht aus, um einen anderen Charakter der Verdrängung begreiflich zu machen. Es ist nicht einzusehen, warum die besetzt gebliebene oder vom *Ubw* her mit Besetzung versehene Vorstellung nicht den Versuch erneuern sollte, kraft ihrer Besetzung in das System *Vbw* einzudringen. Dann müßte sich die Libidoentziehung an ihr wiederholen, und dasselbe Spiel würde sich unabgeschlossen fortsetzen, das Ergebnis aber nicht das der Verdrängung sein. Ebenso würde der besprochene Mechanismus der Entziehung vorbewußter Besetzung versagen, wenn es sich um die Darstellung der Urverdrängung handelt; in diesem Falle liegt ja eine unbewußte Vorstellung vor, die noch keine Besetzung vom *Vbw* erhalten hat, der eine solche also auch nicht entzogen werden kann.

Wir bedürfen also hier eines anderen Vorganges, welcher im ersten Falle die Verdrängung unterhält, im zweiten ihre Herstellung und Fortdauer besorgt, und können diesen nur in der Annahme einer *Gegenbesetzung* finden, durch welche sich das System *Vbw* gegen das Andrängen der unbewußten Vorstellung schützt. Wie sich eine solche Gegenbesetzung, die im System *Vbw* vor sich geht, äußert, werden wir an klinischen Beispielen sehen. Sie ist es, welche den Daueraufwand einer Urverdrängung repräsentiert, aber auch deren Dauerhaftigkeit verbürgt. Die Gegenbesetzung ist der alleinige Mechanismus der Urverdrängung; bei der eigentlichen Verdrängung (dem Nachdrängen) kommt die Entziehung der *vbw* Besetzung hinzu. Es ist sehr wohl möglich, daß gerade die der Vorstellung entzogene Besetzung zur Gegenbesetzung verwendet wird.

Wir merken, wie wir allmählich dazu gekommen sind, in der Darstellung psychischer Phänomene einen dritten Gesichtspunkt zur Geltung zu bringen, außer dem dynamischen und dem topischen den *ökonomischen*, der die Schicksale der Erregungsgrößen zu verfolgen und eine wenigstens relative Schätzung derselben zu gewinnen strebt. Wir werden es nicht unbillig finden, die Betrachtungsweise, welche die Vollendung der psychoanalytischen Forschung ist, durch einen besonderen Namen auszuzeichnen. Ich schlage vor, daß es eine *metapsychologische* Darstellung genannt werden soll, wenn es uns gelingt, einen psychischen Vorgang nach seinen dynamischen, topischen und ökonomischen Beziehungen zu beschreiben. Es ist vorherzusagen, daß es uns bei dem gegenwärtigen Stand unserer Einsichten nur an vereinzelten Stellen gelingen wird.

Machen wir einen zaghaften Versuch, eine metapsychologische Beschreibung des Verdrängungsvorganges bei den drei bekannten Übertragungsneurosen zu geben. Wir dürfen dabei »Besetzung« durch »Libido« ersetzen, weil es sich ja, wie wir wissen, um die Schicksale von Sexualtrieben handelt.

Eine erste Phase des Vorganges bei der Angsthysterie wird häufig übersehen, vielleicht auch wirklich übergangen, ist aber bei sorgfältiger Beobachtung gut kenntlich. Sie besteht darin, daß Angst auftritt, ohne daß wahrgenommen würde, wovor. Es ist anzunehmen, daß im *Ubw* eine Liebesregung vorhanden war, die nach der Umsetzung ins System *Vbw* verlangte; aber die von diesem System her ihr zugewendete Besetzung zog sich nach Art eines Fluchtversuches von ihr zurück, und die unbewußte Libidobesetzung der zurückgewiesenen Vorstellung wurde als Angst abgeführt. Bei einer etwaigen Wiederholung des Vorganges wurde ein erster Schritt zur Bewältigung der unliebsamen Angstentwicklung unternommen. Die fliehende Besetzung wendete sich einer Ersatzvorstellung zu, die einerseits assoziativ mit der abgewiesenen Vorstellung zusammenhing, anderseits durch die Entfernung von ihr der Verdrängung entzogen war (Verschiebungsersatz) und eine Rationalisierung der noch unhemmbaren Angstentwicklung gestattete. Die Ersatzvorstellung spielt nun für das System *Bw (Vbw)* die Rolle einer Gegenbesetzung, indem sie es gegen das Auftauchen der verdrängten Vorstellung im *Bw* versichert, anderseits ist sie die Ausgangsstelle der nun erst recht unhemmbaren Angstaffektentbindung oder benimmt sich als solche. Die klinische Beobachtung zeigt, daß z. B. das an der Tierphobie leidende Kind nun unter zweierlei Bedingungen Angst verspürt, erstens wenn die verdrängte Liebesregung eine Verstärkung erfährt, und zweitens wenn das Angsttier wahrgenommen wird. Die Ersatzvorstellung benimmt sich in dem einen Falle wie die Stelle einer Überleitung aus dem System *Ubw* in das System *Bw*, im anderen wie eine selbständige Quelle der Angstentbindung. Die Ausdehnung der Herrschaft des Systems *Bw* pflegt sich darin zu äußern, daß die erste Erregungsweise der Ersatzvorstellung gegen die zweite immer mehr zurücktritt. Vielleicht benimmt sich am Ende das Kind so, als hätte es gar keine Neigung zu dem Vater, wäre ganz von ihm freigeworden, und als hätte es wirklich Angst vor dem Tier. Nur daß diese Tierangst, aus der unbewußten Triebquelle gespeist, sich widerspenstig und übergroß gegen alle Beeinflussungen aus dem System *Bw* erweist und dadurch ihre Herkunft aus dem System *Ubw* verrät.

Die Gegenbesetzung aus dem System *Bw* hat also in der zweiten Phase der Angsthysterie zur Ersatzbildung geführt. Derselbe Mechanismus findet bald eine neuerliche Anwendung. Der Verdrängungsvorgang ist, wie wir wissen, noch nicht abgeschlossen und findet ein weiteres Ziel in der Aufgabe, die vom Ersatz ausgehende Angstentwicklung zu hemmen. Dies geschieht in der Weise, daß die gesamte assoziierte Umgebung der Ersatzvorstellung mit besonderer Intensität besetzt wird, so daß sie eine hohe Empfindlichkeit gegen Erregung bezeigen kann. Eine Erregung irgend einer Stelle dieses Vorbaues muß zufolge der Verknüpfung mit der Ersatzvorstellung den Anstoß zu einer geringen Angstentwicklung geben, welche nun als Signal benützt wird, um durch neuerliche Flucht der Besetzung den weiteren Fortgang der Angstentwicklung zu hemmen. Je weiter weg vom gefürchteten Ersatz die empfindlichen und wachsamen Gegenbesetzungen angebracht sind, desto präziser kann der Mechanismus funktionieren, der die

Ersatzvorstellung isolieren und neue Erregungen von ihr abhalten soll. Diese Vorsichten schützen natürlich nur gegen Erregungen, die von außen, durch die Wahrnehmung an die Ersatzvorstellung herantreten, aber niemals gegen die Triebserregung, die von der Verbindung mit der verdrängten Vorstellung her die Ersatzvorstellung trifft. Sie beginnen also erst zu wirken, wenn der Ersatz die Vertretung des Verdrängten gut übernommen hat, und können niemals ganz verläßlich wirken. Bei jedem Ansteigen der Trieberregung muß der schützende Wall um die Ersatzvorstellung um ein Stück weiter hinaus verlegt werden. Die ganze Konstruktion, die in analoger Weise bei den anderen Neurosen hergestellt wird, trägt den Namen einer Phobie. Der Ausdruck der Flucht vor bewußter Besetzung der Ersatzvorstellung sind die Vermeidungen, Verzichte und Verbote, an denen man die Angsthysterie erkennt. Überschaut man den ganzen Vorgang, so kann man sagen, die dritte Phase hat die Arbeit der zweiten in größerem Ausmaß wiederholt. Das System *Bw* schützt sich jetzt gegen die Aktivierung der Ersatzvorstellung durch die Gegenbesetzung der Umgebung, wie es sich vorhin durch die Besetzung der Ersatzvorstellung gegen das Auftauchen der verdrängten Vorstellung gesichert hatte. Die Ersatzbildung durch Verschiebung hat sich in solcher Weise fortgesetzt. Man muß auch hinzufügen, daß das System *Bw* früher nur eine kleine Stelle besaß, die eine Einbruchspforte der verdrängten Triebregung war, die Ersatzvorstellung nämlich, daß aber am Ende der ganze phobische Vorbau einer solchen Enklave des unbewußten Einflusses entspricht. Man kann ferner den interessanten Gesichtspunkt hervorheben, daß durch den ganzen ins Werk gesetzten Abwehrmechanismus eine Projektion der Triebgefahr nach außen erreicht worden ist. Das Ich benimmt sich so, als ob ihm die Gefahr der Angstentwicklung nicht von einer Triebregung, sondern von einer Wahrnehmung her drohte, und darf darum gegen diese äußere Gefahr mit den Fluchtversuchen der phobischen Vermeidungen reagieren. Eines gelingt bei diesem Vorgang der Verdrängung: die Entbindung von Angst läßt sich einigermaßen eindämmen, aber nur unter schweren Opfern an persönlicher Freiheit. Fluchtversuche vor Triebansprüchen sind aber im allgemeinen nutzlos, und das Ergebnis der phobischen Flucht bleibt doch unbefriedigend.

Von den Verhältnissen, die wir bei der Angsthysterie erkannt haben, gilt ein großer Anteil auch für die beiden anderen Neurosen, so daß wir die Erörterung auf die Unterschiede und die Rolle der Gegenbesetzung beschränken können. Bei der Konversionshysterie wird die Triebbesetzung der verdrängten Vorstellung in die Innervation des Symptoms umgesetzt. Inwieweit und unter welchen Umständen die unbewußte Vorstellung durch diese Abfuhr zur Innervation drainiert ist, so daß sie ihr Andrängen gegen das System *Bw* aufgeben kann, diese und ähnliche Fragen bleiben besser einer speziellen Untersuchung der Hysterie vorbehalten. Die Rolle der Gegenbesetzung, die vom System *Bw (Vbw)* ausgeht, ist bei der Konversionshysterie deutlich und kommt in der Symptombildung zum Vorschein. Die Gegenbesetzung ist es, welche die Auswahl trifft, auf welches Stück der Triebrepräsentanz die ganze Besetzung derselben konzentriert werden darf. Dies zum Symptom erlesene Stück erfüllt die Bedingung, daß es dem Wunschziel der Triebregung ebensosehr Ausdruck gibt wie dem Abwehr- oder Strafbestreben des Systems *Bw*; es wird also überbesetzt und von beiden Seiten her gehalten wie die Ersatzvorstellung der Angsthysterie. Wir können aus diesem Verhältnis ohne weiteres den Schluß ziehen, daß der Verdrängungsaufwand des Systems *Bw* nicht so groß zu sein braucht wie die Besetzungsenergie des Symptoms, denn die Stärke der Verdrängung wird durch die aufgewendete Gegenbesetzung gemessen, und das Symptom stützt sich nicht nur auf die Gegenbesetzung, sondern auch auf die in ihm verdichtete Triebbesetzung aus dem System *Ubw*.

Für die Zwangsneurose hätten wir den in der vorigen Abhandlung enthaltenen Bemerkungen nur hinzuzufügen, daß hier die Gegenbesetzung des Systems *Bw* am sinnfälligsten in den Vordergrund tritt. Sie ist es, die als Reaktionsbildung organisiert die erste Verdrängung besorgt, und an welcher später der Durchbruch der verdrängten Vorstellung erfolgt. Man darf der Vermutung Raum geben, daß es an dem Vorwiegen der Gegenbesetzung und Ausfallen einer Abfuhr liegt, wenn das Werk der Verdrängung bei Angsthysterie und Zwangsneurose weit weniger geglückt erscheint als bei der Konversionshysterie.

V Die besonderen Eigenschaften des Systems *Ubw*

Eine neue Bedeutung erhält die Unterscheidung der beiden psychischen Systeme, wenn wir darauf aufmerksam werden, daß die Vorgänge des einen Systems, des *Ubw*, Eigenschaften zeigen, die sich in dem nächst höheren nicht wiederfinden.

Der Kern des *Ubw* besteht aus Triebrepräsentanzen, die ihre Besetzung abführen wollen, also aus Wunschregungen. Diese Triebregungen sind einander koordiniert, bestehen unbeeinflußt nebeneinander, widersprechen einander nicht. Wenn zwei Wunschregungen gleichzeitig aktiviert werden, deren Ziele uns unvereinbar erscheinen müssen, so ziehen sich die beiden Regungen nicht etwa voneinander ab oder heben einander auf, sondern sie treten zur Bildung eines mittleren Zieles, eines Kompromisses, zusammen.

Es gibt in diesem System keine Negation, keinen Zweifel, keine Grade von Sicherheit. All dies wird erst durch die Arbeit der Zensur zwischen *Ubw* und *Vbw* eingetragen. Die Negation ist ein Ersatz der Verdrängung von höherer Stufe. Im *Ubw* gibt es nur mehr oder weniger stark besetzte Inhalte.

Es herrscht eine weit größere Beweglichkeit der Besetzungsintensitäten. Durch den Prozeß der Verschiebung kann eine Vorstellung den ganzen Betrag ihrer Besetzung an eine andere abgeben, durch den der Verdichtung die ganze Besetzung mehrerer anderer an sich nehmen. Ich habe vorgeschlagen, diese beiden Prozesse als Anzeichen des sogenannten psychischen Primärvorganges anzusehen. Im System *Vbw* herrscht der Sekundärvorgang;[2] wo ein solcher Primärvorgang sich an Elementen des Systems *Vbw* abspielen darf, erscheint er »komisch« und erregt Lachen.

Die Vorgänge des Systems *Ubw* sind zeitlos, d.h. sie sind nicht zeitlich geordnet, werden durch die verlaufende Zeit nicht abgeändert, haben überhaupt keine Beziehung zur Zeit. Auch die Zeitbeziehung ist an die Arbeit des *Bw*-Systems geknüpft.

Ebensowenig kennen die *Ubw*-Vorgänge eine Rücksicht auf die Realität. Sie sind dem Lustprinzip unterworfen; ihr Schicksal hängt nur davon ab, wie stark sie sind, und ob sie die Anforderungen der Lust-Unlustregulierung erfüllen.

Fassen wir zusammen: Widerspruchslosigkeit, Primärvorgang (Beweglichkeit der Besetzungen), Zeitlosigkeit und Ersetzung der äußeren Realität durch die psychische sind die Charaktere, die wir an zum System *Ubw* gehörigen Vorgängen zu finden erwarten dürfen.[3]

Die unbewußten Vorgänge werden für uns nur unter den

2 Siehe die Ausführungen im VII. Abschnitt der Traumdeutung [Gesamtausgabe, Band III], welche sich auf die von J. Breuer in den »Studien über Hysterie« entwickelten Ideen stützt.

3 Die Erwähnung eines anderen bedeutsamen Vorrechtes des *Ubw* sparen wir für einen anderen Zusammenhang auf.

Bedingungen des Träumens und der Neurosen erkennbar, also dann, wenn Vorgänge des höheren *Vbw*-Systems durch eine Erniedrigung (Regression) auf eine frühere Stufe zurückversetzt werden. An und für sich sind sie unerkennbar, auch existenzunfähig, weil das System *Ubw* sehr frühzeitig von dem *Vbw* überlagert wird, welches den Zugang zum Bewußtsein und zur Motilität an sich gerissen hat. Die Abfuhr des Systems *Ubw* geht in die Körperinnervation zur Affektentwicklung, aber auch dieser Entladungsweg wird ihm, wie wir gehört haben, vom *Vbw* streitig gemacht. Für sich allein könnte das *Ubw*-System unter normalen Verhältnissen keine zweckmäßige Muskelaktion zustande bringen, mit Ausnahme jener, die als Reflexe bereits organisiert sind.

Die volle Bedeutung der beschriebenen Charaktere des Systems *Ubw* könnte uns erst einleuchten, wenn wir sie den Eigenschaften des Systems *Vbw* gegenüberstellen und an ihnen messen würden. Allein dies würde uns so weitab führen, daß ich vorschlage, wiederum einen Aufschub gutzuheißen und die Vergleichung der beiden Systeme erst im Anschluß an die Würdigung des höheren Systems vorzunehmen. Nur das Allerdringendste soll schon jetzt seine Erwähnung finden.

Die Vorgänge des Systems *Vbw* zeigen – und zwar gleichgültig, ob sie bereits bewußt oder nur bewußtseinsfähig sind – eine Hemmung der Abfuhrneigung von den besetzten Vorstellungen. Wenn der Vorgang von einer Vorstellung auf eine andere übergeht, so hält die erstere einen Teil ihrer Besetzung fest und nur ein kleiner Anteil erfährt die Verschiebung. Verschiebungen und Verdichtungen wie beim Primärvorgang sind ausgeschlossen oder sehr eingeschränkt. Dieses Verhältnis hat J. Breuer veranlaßt, zwei verschiedene Zustände der Besetzungsenergie im Seelenleben anzunehmen, einen tonisch gebundenen und einen frei beweglichen, der Abfuhr zustrebenden. Ich glaube, daß diese Unterscheidung bis jetzt unsere tiefste Einsicht in das Wesen der nervösen Energie darstellt, und sehe nicht, wie man um sie herumkommen soll. Es wäre ein dringendes Bedürfnis der metapsychologischen Darstellung – vielleicht aber noch ein allzu gewagtes Unternehmen – an dieser Stelle die Diskussion fortzuführen.

Dem System *Vbw* fallen ferner zu die Herstellung einer Verkehrsfähigkeit unter den Vorstellungsinhalten, so daß sie einander beeinflussen können, die zeitliche Anordnung derselben, die Einführung der einen Zensur oder mehrerer Zensuren, die Realitätsprüfung und das Realitätsprinzip. Auch das bewußte Gedächtnis scheint ganz am *Vbw* zu hängen, es ist scharf von den Erinnerungsspuren zu scheiden, in denen sich die Erlebnisse des *Ubw* fixieren, und entspricht wahrscheinlich einer besonderen Niederschrift, wie wir sie für das Verhältnis der bewußten zur unbewußten Vorstellung annehmen wollten, aber bereits verworfen haben. In diesem Zusammenhang werden wir auch die Mittel finden, unserem Schwanken in der Benennung des höheren Systems, das wir jetzt richtungslos bald *Vbw* bald *Bw* heißen, ein Ende zu machen.

Es wird auch die Warnung am Platze sein, nicht voreilig zu verallgemeinern, was wir hier über die Verteilung der seelischen Leistungen an die beiden Systeme zu Tage gefördert haben. Wir beschreiben die Verhältnisse, wie sie sich beim reifen Menschen zeigen, bei dem das System *Ubw* streng genommen nur als Vorstufe der höheren Organisation funktioniert. Welchen Inhalt und welche Beziehungen dies System während der individuellen Entwicklung hat, und welche Bedeutung ihm beim Tiere zukommt, das soll nicht aus unserer Beschreibung abgeleitet, sondern selbständig erforscht werden. Wir müssen auch beim Menschen darauf gefaßt sein, etwa krankhafte Bedingungen zu finden, unter denen die beiden Systeme Inhalt wie Charaktere ändern oder selbst miteinander tauschen.

VI Der Verkehr der beiden Systeme

Es wäre doch unrecht sich vorzustellen, daß das *Ubw* in Ruhe verbleibt, während die ganze psychische Arbeit vom *Vbw* geleistet wird, daß das *Ubw* etwas Abgetanes, ein rudimentäres Organ, ein Residuum der Entwicklung sei. Oder anzunehmen, daß sich der Verkehr der beiden Systeme auf den Akt der Verdrängung beschränkt, indem das *Vbw* alles, was ihm störend erscheint, in den Abgrund des *Ubw* wirft. Das *Ubw* ist vielmehr lebend, entwicklungsfähig und unterhält eine Anzahl von anderen Beziehungen zum *Vbw*, darunter auch die der Kooperation. Man muß zusammenfassend sagen, das *Ubw* setzt sich in die sogenannten Abkömmlinge fort, es ist den Einwirkungen des Lebens zugänglich, beeinflußt beständig das *Vbw* und ist seinerseits sogar Beeinflussungen von Seiten des *Vbw* unterworfen.

Das Studium der Abkömmlinge des *Ubw* wird unseren Erwartungen einer schematisch reinlichen Scheidung zwischen den beiden psychischen Systemen eine gründliche Enttäuschung bereiten. Das wird gewiß Unzufriedenheit mit unseren Ergebnissen erwecken und wahrscheinlich dazu benützt werden, den Wert unserer Art der Trennung der psychischen Vorgänge in Zweifel zu ziehen. Allein, wir werden geltend machen, daß wir keine andere Aufgabe haben, als die Ergebnisse der Beobachtung in Theorie umzusetzen, und die Verpflichtung von uns weisen, auf den ersten Anlauf eine glatte und durch Einfachheit sich empfehlende Theorie zu erreichen. Wir vertreten deren Komplikationen, solange sie sich der Beobachtung adäquat erweisen, und geben die Erwartung nicht auf, gerade durch sie zur endlichen Erkenntnis eines Sachverhaltes geleitet zu werden, der, an sich einfach, den Komplikationen der Realität gerecht werden kann.

Unter den Abkömmlingen der *ubw* Triebregungen vom beschriebenen Charakter gibt es welche, die entgegengesetzte Bestimmungen in sich vereinigen. Sie sind einerseits hochorganisiert, widerspruchsfrei, haben allen Erwerb des Systems *Bw* verwertet und würden sich für unser Urteil von den Bildungen dieses Systems kaum unterscheiden. Anderseits sind sie unbewußt und unfähig, bewußt zu werden. Sie gehören also qualitativ zum System *Vbw*, faktisch aber zum *Ubw*. Ihre Herkunft bleibt das für ihr Schicksal Entscheidende. Man muß sie mit den Mischlingen menschlicher Rassen vergleichen, die im großen und ganzen bereits den Weißen gleichen, ihre farbige Abkunft aber durch den einen oder anderen auffälligen Zug verraten und darum von der Gesellschaft ausgeschlossen bleiben und keines der Vorrechte der Weißen genießen. Solcher Art sind die Phantasiebildungen der Normalen wie der Neurotiker, die wir als Vorstufen der Traum- wie der Symptombildung erkannt haben, und die trotz ihrer hohen Organisation verdrängt bleiben und als solche nicht bewußt werden können. Sie kommen nahe ans Bewußtsein heran, bleiben ungestört, solange sie keine intensive Besetzung haben, werden aber zurückgeworfen, sobald sie eine gewisse Höhe der Besetzung überschreiten. Ebensolche höher organisierte Abkömmlinge des *Ubw* sind die Ersatzbildungen, denen aber der Durchbruch zum Bewußtsein dank einer günstigen Relation gelingt, wie z. B. durch das Zusammentreffen mit einer Gegenbesetzung des *Vbw*.

Wenn wir an anderer Stelle die Bedingungen des Bewußtwerdens eingehender untersuchen, wird uns ein Teil der hier auftauchenden Schwierigkeiten lösbar werden. Hier mag es uns vorteilhaft erscheinen, der bisherigen vom *Ubw* her aufsteigenden Betrachtung eine vom Bewußtsein ausgehende gegenüberzustellen. Dem Bewußtsein tritt die ganze Summe der psychischen Vorgänge als das Reich des Vorbewußten entgegen. Ein sehr großer Anteil dieses Vorbewußten stammt aus dem Unbewußten, hat den Charakter der Abkömmlinge desselben und unterliegt einer Zensur, ehe er bewußt werden kann. Ein anderer Anteil des *Vbw* ist ohne Zensur bewußtseinsfähig. Wir gelangen hier zu einem Widerspruch gegen eine frühere Annahme. In der Betrachtung der Verdrängung wurden wir genötigt, die für das Bewußtwerden entscheidende Zensur zwischen die Systeme *Ubw* und *Vbw* zu verlegen. Jetzt wird uns eine Zensur zwischen *Vbw* und *Bw* nahegelegt. Wir tun aber gut daran, in dieser Komplikation keine Schwierigkeit zu erblicken, sondern anzunehmen, daß jedem Übergang von einem System zum nächst höheren, also jedem Fortschritt zu einer höheren Stufe psychischer Organisation eine neue Zensur entspreche. Die Annahme einer fortlaufenden Erneuerung der Niederschriften ist damit allerdings abgetan.

Der Grund all dieser Schwierigkeiten ist darin zu suchen, daß die Bewußtheit, der einzige uns unmittelbar gegebene Charakter der psychischen Vorgänge, sich zur Systemunterscheidung in keiner Weise eignet. Abgesehen davon, daß das Bewußte nicht immer bewußt, sondern zeitweilig auch latent ist, hat uns die Beobachtung gezeigt, daß vieles, was die Eigenschaften des Systems *Vbw* teilt, nicht bewußt wird, und haben wir noch zu erfahren, daß das Bewußtwerden durch gewisse Richtungen seiner Aufmerksamkeit eingeschränkt ist. Das Bewußtsein hat so weder zu den Systemen noch zur Verdrängung ein einfaches Verhältnis. Die Wahrheit ist, daß nicht nur das psychisch Verdrängte dem Bewußtsein fremd bleibt, sondern auch ein Teil der unser Ich beherrschenden Regungen, also der stärkste funktionelle Gegensatz des Verdrängten. In dem Maße, als wir uns zu einer metapsychologischen Betrachtung des Seelenlebens durchringen wollen, müssen wir lernen, uns von der Bedeutung des Symptoms »Bewußtheit« zu emanzipieren.

Solange wir noch an diesem haften, sehen wir unsere Allgemeinheiten regelmäßig durch Ausnahmen durchbrochen. Wir sehen, daß Abkömmlinge des *Vbw* als Ersatzbildungen und als Symptome bewußt werden, in der Regel nach großen Entstellungen gegen das Unbewußte, aber oft mit Erhaltung vieler zur Verdrängung auffordernder Charaktere. Wir finden, daß viele vorbewußte Bildungen unbewußt bleiben, die, sollten wir meinen, ihrer Natur nach sehr wohl bewußt werden dürften. Wahrscheinlich macht sich bei ihnen die stärkere Anziehung des *Ubw* geltend. Wir werden darauf hingewiesen, die bedeutsamere Differenz nicht zwischen dem Bewußten und dem Vorbewußten, sondern zwischen dem Vorbewußten und dem Unbewußten zu suchen. Das *Ubw* wird an der Grenze des *Vbw* durch die Zensur zurückgewiesen, Abkömmlinge desselben können diese Zensur umgehen, sich hoch organisieren, im *Vbw* bis zu einer gewissen Intensität der Besetzung heranwachsen, werden aber dann, wenn sie diese überschritten haben und sich dem Bewußtsein aufdrängen wollen, als Abkömmlinge des *Ubw* erkannt und an der neuen Zensurgrenze zwischen *Vbw* und *Bw* neuerlich verdrängt. Die erstere Zensur funktioniert so gegen das *Ubw* selbst, die letztere gegen die *vbw* Abkömmlinge derselben. Man könnte meinen, die Zensur habe sich im Laufe der individuellen Entwicklung um ein Stück vorgeschoben.

In der psychoanalytischen Kur erbringen wir den unanfechtbaren Beweis für die Existenz der zweiten Zensur, der zwischen den Systemen *Vbw* und *Bw*. Wir fordern den Kranken auf, reichlich Abkömmlinge des *Ubw* zu bilden, verpflichten ihn dazu, die Einwendungen der Zensur gegen das Bewußtwerden dieser vorbewußten Bildungen zu überwinden, und bahnen uns durch die Besiegung dieser Zensur den Weg zur Aufhebung der Verdrängung, die das Werk der früheren Zensur ist. Fügen wir noch die Bemerkung an, daß die Existenz der Zensur zwischen *Vbw* und *Bw* uns mahnt, das

Bewußtwerden sei kein bloßer Wahrnehmungsakt, sondern wahrscheinlich auch eine Ü b e r b e s e t z u n g, ein weiterer Fortschritt der psychischen Organisation.

Wenden wir uns zum Verkehr des *Ubw* mit den anderen Systemen, weniger um Neues festzustellen, als um nicht das Sinnfälligste zu übergehen. An den Wurzeln der Triebtätigkeit kommunizieren die Systeme aufs ausgiebigste miteinander. Ein Anteil der hier erregten Vorgänge geht durch das *Ubw* wie durch eine Vorbereitungsstufe durch und erreicht die höchste psychische Ausbildung im *Bw*, ein anderer wird als *Ubw* zurückgehalten. Das *Ubw* wird aber auch von den aus der äußeren Wahrnehmung stammenden Erlebnissen getroffen. Alle Wege von der Wahrnehmung zum *Ubw* bleiben in der Norm frei; erst die vom *Ubw* weiter führenden Wege unterliegen der Sperrung durch die Verdrängung.

Es ist sehr bemerkenswert, daß das *Ubw* eines Menschen mit Umgehung des *Bw* auf das *Ubw* eines anderen reagieren kann. Die Tatsache verdient eingehendere Untersuchung, besonders nach der Richtung, ob sich vorbewußte Tätigkeit dabei ausschließen läßt, ist aber als Beschreibung unbestreitbar.

Der Inhalt des Systems *Vbw* (oder *Bw*) entstammt zu einem Teile dem Triebleben (durch Vermittlung des *Ubw*), zum anderen Teile der Wahrnehmung. Es ist zweifelhaft, inwieweit die Vorgänge dieses Systems eine direkte Einwirkung auf das *Ubw* äußern können; die Erforschung pathologischer Fälle zeigt oft eine kaum glaubliche Selbständigkeit und Unbeeinflußbarkeit des *Ubw*. Ein völliges Auseinandergehen der Strebungen, ein absoluter Zerfall der beiden Systeme ist überhaupt die Charakteristik des Krankseins. Allein die psychoanalytische Kur ist auf die Beeinflussung des *Ubw* vom *Bw* her gebaut und zeigt jedenfalls, daß solche, wiewohl mühsam, nicht unmöglich ist. Die zwischen beiden Systemen vermittelnden Abkömmlinge des *Ubw* bahnen uns, wie schon erwähnt, den

Weg zu dieser Leistung. Wir dürfen aber wohl annehmen, daß die spontan erfolgende Veränderung des *Ubw* von seiten des *Bw* ein schwieriger und langsam verlaufender Prozeß ist.

Eine Kooperation zwischen einer vorbewußten und einer unbewußten, selbst intensiv verdrängten Regung kann zustande kommen, wenn es die Situation ergibt, daß die unbewußte Regung gleichsinnig mit einer der herrschenden Strebungen wirken kann. Die Verdrängung wird für diesen Fall aufgehoben, die verdrängte Aktivität als Verstärkung der vom Ich beabsichtigten zugelassen. Das Unbewußte wird für diese eine Konstellation ichgerecht, ohne daß sonst an seiner Verdrängung etwas abgeändert würde. Der Erfolg des *Ubw* ist bei dieser Kooperation unverkennbar; die verstärkten Strebungen benehmen sich doch anders als die normalen, sie befähigen zu besonders vollkommener Leistung und sie zeigen gegen Widersprüche eine ähnliche Resistenz wie etwa die Zwangssymptome.

Den Inhalt des *Ubw* kann man einer psychischen Urbevölkerung vergleichen. Wenn es beim Menschen ererbte psychische Bildungen, etwas dem Instinkt der Tiere Analoges gibt, so macht dies den Kern des *Ubw* aus. Dazu kommt später das während der Kindheitsentwicklung als unbrauchbar Beseitigte hinzu, was seiner Natur nach von dem Ererbten nicht verschieden zu sein braucht. Eine scharfe und endgültige Scheidung des Inhaltes der beiden Systeme stellt sich in der Regel erst mit dem Zeitpunkte der Pubertät her.

VII Die Agnoszierung des Unbewußten

Soviel, als wir in den vorstehenden Erörterungen zusammengetragen haben, läßt sich etwa über das *Ubw* aussagen, solange man nur aus der Kenntnis des Traumlebens und der Übertragungsneurosen schöpft. Es ist gewiß nicht viel, macht stellenweise den Eindruck des Ungeklärten und Verwirrenden und läßt vor allem die Möglichkeit vermissen, das *Ubw* an einen bereits bekannten Zusammenhang anzuordnen oder es in ihn einzureihen. Erst die Analyse einer der Affektionen, die wir narzißtische Psychoneurosen heißen, verspricht uns Auffassungen zu liefern, durch welche uns das rätselvolle *Ubw* näher gerückt und gleichsam greifbar gemacht wird.

Seit einer Arbeit von *Abraham* (1908), welche der gewissenhafte Autor auf meine Anregung zurückgeführt hat, versuchen wir die Dementia praecox *Kraepelins* (Schizophrenie *Bleulers*) durch ihr Verhalten zum Gegensatz von Ich und Objekt zu charakterisieren. Bei den Übertragungsneurosen (Angst- und Konversionshysterie, Zwangsneurose) lag nichts vor, was diesen Gegensatz in den Vordergrund gerückt hätte. Man wußte zwar, daß die Versagung des Objekts den Ausbruch der Neurose herbeiführt, und daß die Neurose den Verzicht auf das reale Objekt involviert, auch daß die dem realen Objekt entzogene Libido auf ein phantasiertes Objekt und von da aus auf ein verdrängtes zurückgeht (Introversion). Aber die Objektbesetzung überhaupt wird bei ihnen mit großer Energie festgehalten, und die feinere Untersuchung des Verdrängungsvorganges hat uns anzunehmen genötigt, daß die Objektbesetzung im System *Ubw* trotz der Verdrängung – vielmehr infolge derselben – fortbesteht. Die Fähigkeit zur Übertragung, welche wir bei diesen Affektionen therapeutisch ausnützen, setzt ja die ungestörte Objektbesetzung voraus.

Bei der Schizophrenie hat sich uns dagegen die Annahme aufgedrängt, daß nach dem Prozesse der Verdrängung die abgezogene Libido kein neues Objekt suche, sondern ins Ich zurücktrete, daß also hier die Objektbesetzungen aufgegeben und ein primitiver objektloser Zustand von Narzißmus wieder hergestellt werde. Die Unfähigkeit dieser Patienten zur Übertragung – soweit der Krankheitsprozeß reicht, – ihre daraus folgende therapeutische Unzugänglichkeit, die ihnen eigentümliche Ablehnung der Außenwelt, das Auftreten von Zeichen einer Überbesetzung des eigenen Ichs, der Ausgang in völlige Apathie, all diese klinischen Charaktere scheinen zu der Annahme eines Aufgebens der Objektbesetzungen trefflich zu stimmen. Von seiten des Verhältnisses der beiden psychischen Systeme wurde allen Beobachtern auffällig, daß bei der Schizophrenie vieles als bewußt geäußert wird, was wir bei den Übertragungsneurosen erst durch Psychoanalyse im *Ubw* nachweisen müssen. Aber es gelang zunächst nicht, zwischen der Ich-Objektbeziehung und den Bewußtseinsrelationen eine verständliche Verknüpfung herzustellen.

Das Gesuchte scheint sich auf folgendem unvermuteten Wege zu ergeben. Bei den Schizophrenen beobachtet man, zumal in den so lehrreichen Anfangsstadien, eine Anzahl von Veränderungen der *Sprache*, von denen einige es verdienen, unter einem bestimmten Gesichtspunkt betrachtet zu werden. Die Ausdrucksweise wird oft Gegenstand einer besonderen Sorgfalt, sie wird »gewählt«, »geziert«. Die Sätze erfahren eine besondere Desorganisation des Aufbaues, durch welche sie uns unverständlich werden, so daß wir die Äußerungen der Kranken für unsinnig halten. Im Inhalt dieser Äußerungen wird oft eine Beziehung zu Körperorganen oder Körperinnervationen in den Vordergrund gerückt. Dem kann man anreihen, daß in solchen Symptomen der Schizophrenie, welche hysterischen oder zwangsneurotischen Ersatzbildungen gleichen, doch die Beziehung zwischen dem Ersatz und dem Verdrängten Eigentümlichkeiten zeigt, welche uns bei den beiden genannten Neurosen befremden würden.

Herr Dr. V. *Tausk* (Wien) hat mir einige seiner Beobachtungen bei beginnender Schizophrenie zur Verfügung gestellt, die durch den Vorzug ausgezeichnet sind, daß die Kranke selbst noch die Aufklärung ihrer Reden geben wollte. Ich will nun an zweien seiner Beispiele zeigen, welche Auffassung ich zu vertreten beabsichtige, zweifle übrigens nicht daran, daß es jedem Beobachter leicht sein würde, solches Material in Fülle vorzubringen.

Eine der Kranken *Tausks*, ein Mädchen, das nach einem Zwist mit ihrem Geliebten auf die Klinik gebracht wurde, klagt:

Die Augen sind nicht richtig, sie sind verdreht. Das erläutert sie selbst, indem sie in geordneter Sprache eine Reihe von Vorwürfen gegen den Geliebten vorbringt. »Sie kann ihn gar nicht verstehen, er sieht jedesmal anders aus, er ist ein Heuchler, ein *Augenverdreher*, er hat ihr die Augen verdreht, jetzt hat sie verdrehte Augen, es sind nicht mehr ihre Augen, sie sieht die Welt jetzt mit anderen Augen.«

Die Äußerungen der Kranken zu ihrer unverständlichen Rede haben den Wert einer Analyse, da sie deren Äquivalent in allgemein verständlicher Ausdrucksweise enthalten; sie geben gleichzeitig Aufschluß über Bedeutung und über Genese der schizophrenen Wortbildung. In Übereinstimmung mit *Tausk* hebe ich aus diesem Beispiel hervor, daß die Beziehung zum Organ (zum Auge) sich zur Vertretung des ganzen Inhaltes aufgeworfen hat. Die schizophrene Rede hat hier einen hypochondrischen Zug, sie ist *Organsprache* geworden.

Eine zweite Mitteilung derselben Kranken: »Sie steht in der Kirche, plötzlich gibt es ihr einen Ruck, sie muß sich *anders stellen, als stellte sie jemand, als würde sie gestellt.*«

Dazu die Analyse durch eine neue Reihe von Vorwürfen gegen den Geliebten, »der ordinär ist, der sie, die vom Hause aus fein war, auch ordinär gemacht hat. Er hat sie sich ähnlich gemacht, indem er sie glauben machte, er sei ihr überlegen; nun sei sie so geworden, wie er ist, weil sie glaubte, sie werde besser sein, wenn sie ihm gleich werde. Er hat sich verstellt, sie ist jetzt so wie er (Identifizierung!), er hat sie verstellt.«

Die Bewegung »des sich anders Stellen«, bemerkt Tausk, ist eine Darstellung des Wortes »verstellen« und der Identifizierung mit dem Geliebten. Ich hebe wiederum die Prävalenz jenes Elements des ganzen Gedankenganges hervor, welches eine körperliche Innervation (vielmehr deren Empfindung) zum Inhalt hat. Eine Hysterika hätte übrigens im ersten Falle krampfhaft die Augen verdreht, im zweiten den Ruck wirklich ausgeführt, anstatt den Impuls dazu oder die Sensation davon zu verspüren, und in beiden Fällen hätte sie keinen bewußten Gedanken dabei gehabt und wäre auch nachträglich nicht imstande gewesen, solche zu äußern.

Soweit zeugen diese beiden Beobachtungen für das, was wir hypochondrische oder Organsprache genannt haben. Sie mahnen aber auch, was uns wichtiger erscheint, an einen anderen Sachverhalt, der sich beliebig oft z. B. an den in Bleulers Monographie gesammelten Beispielen nachweisen und in eine bestimmte Formel fassen läßt. Bei der Schizophrenie werden die Worte demselben Prozeß unterworfen, der aus den latenten Traumgedanken die Traumbilder macht, den wir den psychischen Primärvorgang geheißen haben. Sie werden verdichtet und übertragen einander ihre Besetzungen restlos durch Verschiebung; der Prozeß kann so weit gehen, daß ein einziges, durch mehrfache Beziehungen dazu geeignetes Wort die Vertretung einer ganzen Gedankenkette übernimmt. Die Arbeiten von Bleuler, Jung und ihren Schülern haben gerade für diese Behauptung reichliches Material ergeben.[4]

Ehe wir aus solchen Eindrücken einen Schluß ziehen, wol-

4 Gelegentlich behandelt die Traumarbeit die Worte wie die Dinge und schafft dann sehr ähnliche »schizophrene« Reden oder Wortneubildungen.

len wir noch der feinen, aber doch befremdlich wirkenden Unterschiede zwischen der schizophrenen und der hysterischen und zwangsneurotischen Ersatzbildung gedenken. Ein Patient, den ich gegenwärtig beobachte, läßt sich durch den schlechten Zustand seiner Gesichtshaut von allen Interessen des Lebens abziehen. Er behauptet, Mitesser zu haben und tiefe Löcher im Gesicht, die ihm jedermann ansieht. Die Analyse weist nach, daß er seinen Kastrationskomplex an seiner Haut abspielt. Er beschäftigte sich zunächst reuelos mit seinen Mitessern, deren Ausdrücken ihm große Befriedigung bereitete, weil dabei etwas herausspritzte, wie er sagt. Dann begann er zu glauben, daß überall dort, wo er einen Comedo beseitigt hatte, eine tiefe Grube entstanden sei, und er machte sich die heftigsten Vorwürfe, durch sein »beständiges Herumarbeiten mit der Hand« seine Haut für alle Zeiten verdorben zu haben. Es ist evident, daß ihm das Auspressen des Inhaltes der Mitesser ein Ersatz für die Onanie ist. Die Grube, die darauf durch seine Schuld entsteht, ist das weibliche Genitale, d. h. die Erfüllung der durch die Onanie provozierten Kastrationsdrohung (resp. der sie vertretenden Phantasie). Diese Ersatzbildung hat trotz ihres hypochondrischen Charakters viel Ähnlichkeit mit einer hysterischen Konversion, und doch wird man das Gefühl haben, daß hier etwas anderes vorgehen müsse, daß man solche Ersatzbildung einer Hysterie nicht zutrauen dürfe, noch ehe man sagen kann, worin die Verschiedenheit begründet ist. Ein winziges Grübchen wie eine Hautpore wird ein Hysteriker kaum zum Symbol der Vagina nehmen, die er sonst mit allen möglichen Gegenständen vergleicht, welche einen Hohlraum umschließen. Auch meinen wir, daß die Vielheit der Grübchen ihn abhalten wird, sie als Ersatz für das weibliche Genitale zu verwenden. Ähnliches gilt für einen jugendlichen Patienten, über den Tausk vor Jahren der Wiener Psychoanalytischen Gesellschaft berichtet hat. Er benahm sich sonst ganz wie ein

Zwangsneurotiker, verbrauchte Stunden für seine Toilette u. dgl. Es war aber an ihm auffällig, daß er widerstandslos die Bedeutung seiner Hemmungen mitteilen konnte. Beim Anziehen der Strümpfe störte ihn z. B. die Idee, daß er die Maschen des Gewebes, also Löcher, auseinanderziehen müsse, und jedes Loch war ihm Symbol der weiblichen Geschlechtsöffnung. Auch dies ist einem Zwangsneurotiker nicht zuzutrauen; ein solcher, aus der Beobachtung von R. Reitler, der am gleichen Verweilen beim Strumpfanziehen litt, fand nach Überwindung der Widerstände die Erklärung, daß der Fuß ein Penissymbol sei, das Überziehen des Strumpfes ein onanistischer Akt, und er mußte den Strumpf fortgesetzt an- und ausziehen, zum Teil, um das Bild der Onanie zu vervollkommnen, zum Teil, um sie ungeschehen zu machen.

Fragen wir uns, was der schizophrenen Ersatzbildung und dem Symptom den befremdlichen Charakter verleiht, so erfassen wir endlich, daß es das Überwiegen der Wortbeziehung über die Sachbeziehung ist. Zwischen dem Ausdrücken eines Mitessers und einer Ejakulation aus dem Penis besteht eine recht geringe Sachähnlichkeit, eine noch geringere zwischen den unzähligen seichten Hautporen und der Vagina; aber im ersten Falle spritzt beide Male etwas heraus, und für den zweiten gilt wörtlich der zynische Satz: Loch ist Loch. Die Gleichheit des sprachlichen Ausdruckes, nicht die Ähnlichkeit der bezeichneten Dinge, hat den Ersatz vorgeschrieben. Wo die beiden – Wort und Ding – sich nicht decken, weicht die schizophrene Ersatzbildung von der bei den Übertragungsneurosen ab.

Setzen wir diese Einsicht mit der Annahme zusammen, daß bei der Schizophrenie die Objektbesetzungen aufgegeben werden. Wir müssen dann modifizieren: die Besetzung der Wortvorstellungen der Objekte wird festgehalten. Was wir die bewußte Objektvorstellung heißen durften, zerlegt sich uns jetzt in die Wortvorstellung und in die Sachvorstellung, die in der Besetzung, wenn nicht der direkten Sacherinnerungsbilder, doch entfernterer und von ihnen abgeleiteter Erinnerungsspuren besteht. Mit einem Male glauben wir nun zu wissen, wodurch sich eine bewußte Vorstellung von einer unbewußten unterscheidet. Die beiden sind nicht, wie wir gemeint haben, verschiedene Niederschriften desselben Inhaltes an verschiedenen psychischen Orten, auch nicht verschiedene funktionelle Besetzungszustände an demselben Orte, sondern die bewußte Vorstellung umfaßt die Sachvorstellung plus der zugehörigen Wortvorstellung, die unbewußte ist die Sachvorstellung allein. Das System *Ubw* enthält die Sachbesetzungen der Objekte, die ersten und eigentlichen Objektbesetzungen; das System *Vbw* entsteht, indem diese Sachvorstellung durch die Verknüpfung mit den ihr entsprechenden Wortvorstellungen überbesetzt wird. Solche Überbesetzungen, können wir vermuten, sind es, welche eine höhere psychische Organisation herbeiführen und die Ablösung des Primärvorganges durch den im *Vbw* herrschenden Sekundärvorgang ermöglichen. Wir können jetzt auch präzise ausdrücken, was die Verdrängung bei den Übertragungsneurosen der zurückgewiesenen Vorstellung verweigert: Die Übersetzung in Worte, welche mit dem Objekt verknüpft bleiben sollen. Die nicht in Worte gefaßte Vorstellung oder der nicht überbesetzte psychische Akt bleibt dann im *Ubw* als verdrängt zurück.

Ich darf darauf aufmerksam machen, wie frühzeitig wir bereits die Einsicht besessen haben, die uns heute einen der auffälligsten Charaktere der Schizophrenie verständlich macht. Auf den letzten Seiten der 1900 veröffentlichten »Traumdeutung« ist ausgeführt, daß die Denkvorgänge, d. i. die von den Wahrnehmungen entfernteren Besetzungsakte an sich qualitätslos und unbewußt sind und ihre Fähigkeit, bewußt zu werden, nur durch die Verknüpfung mit den Resten der Wortwahrnehmungen erlangen. Die Wortvorstellungen entstammen ihrerseits der Sinneswahrnehmung in gleicher Weise wie die Sachvorstellungen, so daß man die Frage aufwerfen könnte, warum die Objektvorstellungen nicht mittels ihrer eigenen Wahrnehmungsreste bewußt werden können. Aber wahrscheinlich geht das Denken in Systemen vor sich, die von den ursprünglichen Wahrnehmungsresten so weit entfernt sind, daß sie von deren Qualitäten nichts mehr erhalten haben und zum Bewußtwerden einer Verstärkung durch neue Qualitäten bedürfen. Außerdem können durch die Verknüpfung mit Worten auch solche Besetzungen mit Qualität versehen werden, die aus den Wahrnehmungen selbst keine Qualität mitbringen konnten, weil sie bloß Relationen zwischen den Objektvorstellungen entsprechen. Solche erst durch Worte faßbar gewordene Relationen sind ein Hauptbestandteil unserer Denkvorgänge. Wir verstehen, daß die Verknüpfung mit Wortvorstellungen noch nicht mit dem Bewußtwerden zusammenfällt, sondern bloß die Möglichkeit dazu gibt, daß sie also kein anderes System als das des *Vbw* charakterisiert. Nun merken wir aber, daß wir mit diesen Erörterungen unser eigentliches Thema verlassen und mitten in die Probleme des Vorbewußten und Bewußten geraten, die wir zweckmäßiger Weise einer gesonderten Behandlung vorbehalten.

Bei der Schizophrenie, die wir ja hier auch nur so weit berühren, als uns zur allgemeinen Erkennung des *Ubw* unerläßlich scheint, muß uns der Zweifel auftauchen, ob der hier Verdrängung genannte Vorgang überhaupt noch etwas mit der Verdrängung bei den Übertragungsneurosen gemein hat. Die Formel, die Verdrängung sei ein Vorgang zwischen dem System *Ubw* und dem *Vbw* (oder *Bw*) mit dem Erfolg der Fernhaltung vom Bewußtsein, bedarf jedenfalls einer Abänderung, um den Fall der Dementia praecox und anderer narzißtischer Affektionen miteinschließen zu können. Aber der Fluchtversuch des Ichs, der sich in der Abziehung der bewußten Besetzung äußert, bleibt immerhin als das Gemeinsame bestehen. Um wie vieles gründlicher und tiefgreifender dieser Fluchtversuch, diese Flucht des Ichs bei den narzißtischen Neurosen ins Werk gesetzt wird, lehrt die oberflächlichste Überlegung.

Wenn diese Flucht bei der Schizophrenie in der Einziehung der Triebbesetzung von den Stellen besteht, welche die unbewußte Objektvorstellung repräsentieren, so mag es befremdlich erscheinen, daß der dem System *Vbw* angehörige Teil derselben Objektvorstellung – die ihr entsprechenden Wortvorstellungen – vielmehr eine intensivere Besetzung erfahren sollen. Man könnte eher erwarten, daß die Wortvorstellung als der vorbewußte Anteil den ersten Stoß der Verdrängung auszuhalten hat, und daß sie ganz und gar unbesetzbar wird, nachdem sich die Verdrängung bis zu den unbewußten Sachvorstellungen fortgesetzt hat. Dies ist allerdings eine Schwierigkeit des Verständnisses. Es ergibt sich die Auskunft, daß die Besetzung der Wortvorstellung nicht zum Verdrängungsakt gehört, sondern den ersten der Herstellungs- oder Heilungsversuche darstellt, welche das klinische Bild der Schizophrenie so auffällig beherrschen. Diese Bemühungen wollen die verlorenen Objekte wieder gewinnen, und es mag wohl sein, daß sie in dieser Absicht den Weg zum Objekt über den Wortanteil desselben einschlagen, wobei sie sich aber dann mit den Worten an Stelle der Dinge begnügen müssen. Unsere seelische Tätigkeit bewegt sich ja ganz allgemein in zwei entgegengesetzten Verlaufsrichtungen, entweder von den Trieben her durch das System *Ubw* zur bewußten Denkarbeit, oder auf Anregung von außen durch das System des *Bw* und *Vbw* bis zu den *ubw* Besetzungen des Ichs und der Objekte. Dieser zweite Weg muß trotz der vorgefallenen Verdrängung passierbar bleiben und steht den Bemühungen der Neurose, ihre Objekte wieder zu gewinnen, ein Stück weit offen. Wenn wir abstrakt denken, sind wir in Gefahr, die Beziehungen der Worte zu den unbewußten Sachvorstellungen zu vernachlässigen, und es ist nicht zu leugnen, daß unser Philosophieren dann eine unerwünschte Ähnlichkeit in Ausdruck und Inhalt mit der Arbeitsweise der Schizophrenen gewinnt. Anderseits kann man von der Denkweise der Schizophrenen die Charakteristik versuchen, sie behandeln konkrete Dinge, als ob sie abstrakte wären.

Wenn wir wirklich das *Ubw* agnosziert und den Unterschied einer unbewußten Vorstellung von einer vorbewußten richtig bestimmt haben, so werden unsere Untersuchungen von vielen anderen Stellen her zu dieser Einsicht zurückführen müssen.

Zu dieser Ausgabe

Der Text folgt dem Druck in:

> Sigmund Freud: Zur Technik der Psychoanalyse und zur Metapsychologie. Leipzig/Wien/Zürich: Internationaler Psychoanalytischer Verlag, 1924.

Der Text blieb in Orthographie und Interpunktion unverändert. Korrigiert wurden lediglich folgende Schreib- und Interpunktionsversehen:

11,29 zu deuten, d. h.] zu deuten d. h.
22,24 zustande kommt] zu stande kommt
26,6 *Bw*, im anderen] *Bw* im anderen
31,12 zustande bringen] zu stande bringen
38,5 f. zustande kommen] zu stande kommen
42,2 (Identifizierung!), er hat] (Identifizierung!) er hat
43,20 Phantasie).] Phantasie.)

Anmerkungen

7,16 *hiezu:* hierzu.
8,14 *interpolieren:* einschieben, einfügen.
8,30 f. *Latenz:* Verborgensein.
9,3 *somatischen:* den Körper betreffenden.
9,10 *petitio principii:* (lat., ›Inanspruchnahme des Beweisgrundes‹) Zirkelbeweis, d. h. eine argumentative Figur, bei der eine Behauptung durch Aussagen begründet wird, welche die zu beweisende Behauptung bereits als wahr voraussetzen.
9,12 *Konvention:* allgemein akzeptierte Verhaltensregel, Übereinkunft.
9,12 f. *Nomenklatur:* Verzeichnis von Fachausdrücken.
9,19 f. *psychophysischen Parallelismus:* eine philosophische Theorie, die eine Antwort auf das Leib-Seele-Problem zu geben versucht: Geistige und materielle Ereignisse folgen zwar je eigenen Gesetzmäßigkeiten und wirken nicht aufeinander ein, entsprechen sich aber gleichwohl, gehen völlig parallel.
10,21 f. *die hypnotischen Experimente:* Bevor Freud das psychoanalytische Verfahren (»Redekur«) zur Behandlung neurotischer Patienten entwickelte, griff er, wie andere Nervenärzte seiner Zeit auch, auf die Hypnose zurück, d. h. auf ein Vorgehen, bei dem der Patient in einen schlafähnlichen, willenlosen Zustand versetzt wird, um auf diese Weise den Ursachen seiner psychischen Störung näherzukommen.
10,22 f. *die posthypnotische Suggestion:* auch »posthypnotischer Auftrag« genannt: Die Beeinflussung des Patienten unter Hypnose durch den Arzt, durch die Ersterer nach Beendigung der Hypnose etwas Bestimmtes ausführen soll.
10,30 f. *per analogiam:* (lat.) auf dem Wege der Entsprechung oder der Ähnlichkeitsfeststellung.
11,2 f. *Konstitution:* Verfassung, Anlage.
11,13 *Mystik:* religiöse Lehre von einem Geheimnisvollen, der Begegnung und Vereinigung mit dem Göttlichen.
13,3 f. *alternierend:* einander abwechselnd.
13,12 *Animismus:* Glaube an die Beseeltheit der Natur.
13,14 f. *Korrektur, die Kant an unserer Auffassung der äußeren Wahr-*

nehmung vorgenommen hat: Der Königsberger Philosoph Immanuel Kant (1724–1804) leitete mit seiner *Kritik der reinen Vernunft* (1781) insofern eine »Revolution der Denkart«, eine kopernikanische Wende der Erkenntnistheorie ein, als er die subjektiven Bedingungen und Voraussetzungen aller Erkenntnis ins Zentrum seiner Philosophie rückte. Kant lehrte, »dass wir [...] von den Dingen nur das a priori erkennen, was wir selbst in sie legen«, und begründete damit eine neue Stellung des Subjekts zur Objektivität. Das Subjekt der Erkenntnis richtet sich nicht länger nach dem Objekt, wie es die vorkantische Erkenntnistheorie postulierte, vielmehr das Objekt (der Erkenntnisgegenstand) nach den Vorgaben des Subjekts, die Kant »Transzendentalien« nennt. Transzendentalien, die vor aller empirischen Erfahrung liegen, sind die allen Individuen gemeinsamen Bauelemente der theoretischen Vernunft, die Erkenntnis allererst ermöglichen.

13,26 *minder:* weniger.

14,7 *Dignität:* hoher Wert, Würde.

14,22 *deskriptiven:* beschreibenden.

15,19 *J. Breuer:* Josef Breuer (1842–1925), renommierter Wiener Nervenarzt, mit dem Freud in den Achtziger- und Neunzigerjahren des 19. Jahrhunderts eng zusammenarbeitete. Gemeinsam publizierten sie 1895 die *Studien über Hysterie,* die einen Meilenstein auf dem Weg zur psychoanalytischen Behandlungsmethode bilden.

15,26 *sondern:* trennen.

16,2 *dynamische Auffassung:* In Freuds Metapsychologie der Seele wird derjenige Gesichtspunkt als dynamisch bezeichnet, der psychische Phänomene als Resultat des Konflikts und der Kräfteverbindungen betrachtet, von denen ein bestimmter Drang ausgeht und die letztlich auf den Trieb zurückzuführen sind.

16,3 *Topik:* Die Bezeichnung der verschiedenen »Orte« (griech. *topoi*) – *Ubw, Vbw, Bw* –, an denen das Seelenleben stattfindet.

16,18 *Lokalität:* Örtlichkeit.

16,23 *abstrus:* seltsam, absurd.

16,28 *Anatomie:* Aufbau des Körpers; Wissenschaft vom Körperbau der Lebewesen.

17,10 *subkortikalen Hirnpartien:* Hirnregionen und Hirnfunktionen, die im Sinne der Hierarchie des Zentralnervensystems unterhalb der Großhirnrinde (lat. *cortex*) angesiedelt sind.

19,15 *repräsentiert:* vertritt, verkörpert.

19,17 f. *Affektzustand:* Zustand der Gemütserregung, starker Emotionalität oder seelischer Erschütterung.

20,19 f. *Abhandlung über Verdrängung:* Gemeint ist Freuds 1915 veröffentlichte metapsychologische Schrift »Die Verdrängung« (*Gesammelte Werke*, Bd. 10, Frankfurt a. M. 1999, S. 247 f.).

20,31 *Redressement:* Umgestaltung, Wiederherstellung.

21,21 *Motilität:* Beweglichkeit, Bewegungsfähigkeit.

21,26 *Affektivität:* Emotionalität, Gefühlsbetontheit.

22,2 *Psychose:* schwere psychische Störung, die mit einem zeitweiligen Verlust des Realitätsbezugs einhergehen kann.

22,3 *minder:* weniger.

22,5 f. *den Primat:* die Vorherrschaft.

22,22 *deskriptiv:* hier: von der Beschreibung her gesehen.

23,28 *Libidoentziehung:* Der Begriff »Libido« bezeichnet die von Freud postulierte Energie des Sexualtriebs. Bei der Libidoentziehung soll einer Vorstellung oder einer Phantasie die libidinöse Energie, mit der sie besetzt ist, entzogen werden.

24,30 *nicht unbillig:* angemessen, statthaft.

25,24 *assoziativ:* durch Verbindung von Vorstellungen hervorgerufen.

25,27 *Rationalisierung:* geistige Tätigkeit, die bestrebt ist, einer an sich unverständlichen oder sinnlosen Sache im Nachhinein eine vernünftige, rationale Seite, d. h. einen Sinn abzugewinnen.

25,33–26,1 *Tierphobie:* krankhafte Angst vor Tieren.

26,33 *präziser:* genauer, eindeutiger.

27,1 *isolieren:* absondern, vereinzeln.

27,27 *Enklave:* Teil eines (staatlichen) Gebietes, das von einem fremden (staatlichen) Gebiet eingeschlossen wird.

27,30 *Projektion:* gilt in der Psychoanalyse als Abwehrmechanismus. In der Projektion werden innerpsychische Konflikte des Subjekts sowie eigene Wünsche, Gefühle und Impulse anderen Personen zugeschrieben.

28,12 *Konversionshysterie:* eine Klasse von Hysterien, bei denen eine psychische Abwehrreaktion auftritt, die sich in der Bildung von somatischen Symptomen äußert, d. h. bei denen Seelisches in Körperliches konvertiert wird.

28,13 *Innervation:* die funktionelle Versorgung eines Organs, eines Körperteils oder eines Gewebes mit Nervengewebe mit nervösen Impulsen.

28,15 *drainiert:* entwässert. Eine verdrängte Vorstellung kann im übertragenen Sinne als ›drainiert‹ gelten, wenn ihre Energie durch die Bildung eines Symptoms umgesetzt und abgeführt wird.

29,6 *Reaktionsbildung:* Wenn ein aus dem *Ubw* stammender Triebimpuls vom Subjekt abgewehrt wird, kann es zur R. kommen, indem eine dem ursprünglichen Impuls entgegengesetzte Verhaltensweise entwickelt wird.

29,21 *koordiniert:* aufeinander abgestimmt.

29,28 *Negation:* Verneinung.

30,9 *Primärvorganges:* Unter topischem Aspekt gehört der Primärvorgang zum System *Ubw*, in ökonomisch-dynamischer Hinsicht geht es dabei um das freie Abströmen psychischer Energie mit dem Ziel ungehemmter Wunscherfüllung und Befriedigung.

30,10 *Sekundärvorgang:* Unter topischem Aspekt gehört der Sekundärvorgang zum System *Vbw/Bw*, in ökonomisch-dynamischer Hinsicht ist die Energie zunächst gebunden, ehe sie kontrolliert abfließt. Mit dem Sekundärvorgang verbindet man in der Regel Funktionen wie Aufmerksamkeit, waches Denken, Urteilsvermögen und Realitätskontrolle. Er lässt sich in Parallele zu dem setzen, was Freud »Realitätsprinzip« nennt.

31,13 *Reflexe:* Reaktionen auf einen Reiz, unwillkürliche Bewegungen.

31,30 *J. Breuer:* vgl. Anm. zu 15,19.

31,31 *tonisch:* die Muskelspannung betreffend.

32,1 *nervösen:* die Nerven betreffenden.

32,10 *Realitätsprinzip:* Im Gegensatz zum Lustprinzip sorgt das Realitätsprinzip dafür, dass Ersteres in seinem Drang gegebenenfalls gebremst, modifiziert oder aufgeschoben wird, insofern es mit den Anforderungen und Bedingungen der Außenwelt kollidiert. Verbündet mit dem Ich und mit dessen die Realität wahrnehmenden und kontrollierenden Funktionen, verwandelt das Realitätsprinzip freie in gebundene Energie und lenkt diese in realitätskompatible Kanäle.

Letztlich dient auch das Realitätsprinzip dem Ziel, Unlust zu vermeiden.

33,4 *rudimentäres:* verkümmertes, nur in Resten vorhandenes.

33,5 *Residuum:* Überbleibsel.

33,10 f. *Kooperation:* Zusammenarbeit.

33,28 *adäquat:* angemessen.

35,19 *latent:* untergründig, verborgen.

37,25 *pathologischer:* krankhafter.

38,16 *Resistenz:* Widerstandsfähigkeit.

38,20 *Analoges:* Entsprechendes, Ähnliches.

38,27 *Agnoszierung:* Anerkennung, Identifizierung.

39,5 *Affektionen:* seelische Erschütterungen, Erregungen, Leiden.

39,9 *Abraham:* Karl Abraham (1877–1925), Berliner Neurologe und Psychiater, Schüler und enger Vertrauter Freuds, Gründer der Berliner Psychoanalytischen Gesellschaft und 1920 des Berliner Psychoanalytischen Instituts.

39,11 *Kraepelins:* Emil Kraepelin (1856–1926), deutscher Psychiater, auf den wichtige Entwicklungen in der wissenschaftlichen Psychiatrie zurückgehen, gilt als Begründer des heutigen Systems der Klassifizierung psychischer Störungen.

39,12 *Bleulers:* Eugen Bleuler (1857–1939), Schweizer Psychiater, Schüler des seinerzeit berühmten Pariser Pathologen und Neurologen Jean-Martin Charcot (1825–1893), war der erste Leiter einer Klinik in Europa (Zürich), der sich mit Freuds Psychoanalyse auseinandersetzte. Vgl. Sigmund Freud / Eugen Bleuler, *»Ich bin zuversichtlich, wir erobern bald die Psychiatrie«. Briefwechsel 1904–1937*, hrsg. von Michael Schröter, Basel 2012.

39,18 *involviert:* einschließt.

39,20 *Introversion:* Wendung nach innen.

40,5 *Apathie:* Teilnahmslosigkeit, Gleichgültigkeit.

40,21 *Desorganisation:* schlecht durchgeführte Planung; Unordnung, Durcheinander.

40,24 f. *Körperinnervationen:* vgl. Anm. zu 28,13.

40,31 *V. Tausk:* Viktor Tausk (1879–1919) arbeitete als niedergelassener Nervenarzt in Wien und schloss sich um 1910 dem Kreis um Freud an.

41,19 *Genese:* Entwicklung.

41,23 f. *hypochondrischen:* eingebildet kranken.

42,2 *Identifizierung:* sich identifizieren: sich einer anderen Person gleichmachen, deren Eigenschaften übernehmend.

42,5 *Prävalenz:* Vorherrschaft, Übergewicht.

42,8 *Hysterika:* an Hysterie leidende Person weiblichen Geschlechts.

42,17 *Bleulers:* vgl. Anm. zu 39,12.

42,27 *Jung:* Carl Gustav Jung (1875–1961), Schweizer Psychiater, der zeitweilig zum engsten Schülerkreis um Freud gehörte, ehe er sich mit diesem überwarf.

43,8 *Kastrationskomplex:* bezeichnet in der psychoanalytischen Theorie die Angst speziell von Jungen vor dem Verlust des Geschlechtsorgans, die auf deren eigene ödipale, d. h. mit dem Vater um die Mutter rivalisierende Impulse zurückgeht.

43,12 *Comedo:* Mitesser. Comedonen: ein Symptom von Akne.

43,16 *evident:* augenscheinlich, offenkundig.

43,17 *Onanie:* sexuelle Selbstbefriedigung.

43,18 *Genitale:* Geschlechtsorgan.

43,19 *resp.:* bzw.

43,27 *Vagina:* weibliche Scheide.

44,1 *Toilette:* hier: Körperpflege.

44,8 *R. Reitler:* Rudolf Reitler (1865–1917), Wiener Arzt, der zu den Gründungsmitgliedern der Mittwoch-Gesellschaft um Freud gehörte.

44,11 *Penissymbol:* Ersatzvorstellung oder Ersatzobjekt für das männliche Glied.

44,19 *Ejakulation:* Samenerguss.

46,13 *Relationen:* Beziehungen.

46,32 *Dementia praecox:* Schwachsinn im Jugendalter (im Gegensatz zur Dementia senilis, zum Altersschwachsinn). Zu Freuds Zeiten war die Dementia praecox ein anderer Ausdruck für Schizophrenie, da diese schon in einem frühen Lebensalter auftreten kann.

48,8 *agnosziert:* erkannt.

Nachwort

Die Schrift *Das Unbewußte* zählt zu einer Reihe von kleineren Arbeiten, die Freud in der Frühphase des Ersten Weltkrieges verfasste, d. h. zu einer Zeit, als ihm infolge des Kriegsgeschehens zunehmend Patienten ausblieben und er über mehr Muße verfügte, als ihm lieb war. In einem Brief an Ernest Jones vom 25. Dezember 1914 heißt es:

> »Wie Sie [sich] denken können, hat sich meine ärztliche Beschäftigung auf ein minimales Maß, 2–3 St. täglich, reduziert. […] Diese Einschränkung vertrage ich eigentlich am schlechtesten, da ich seit 20 Jahren an ausgiebige Arbeit gewöhnt bin und unmöglich mehr als einen Bruchteil meiner freien Zeit für Produktion verwenden kann.«[1]

Über diese »Produktion« äußert sich Freud gegenüber Kollegen und Freunden zunächst eher vage. So schreibt er an Lou Andreas-Salomé am 25. November 1914: »Ich arbeite im Geheimen an umfangreichen, vielleicht auch inhaltsreichen Dingen […].«[2] Etwas präziser wird er gegenüber Karl Abraham am 21. Dezember 1914: »Eine Neurosenlehre mit Kapiteln über Triebschicksale, Verdrängung und das Unbewußte könnte fertig werden, wenn die Arbeitslust nicht doch der Verstimmung erliegt.«[3] Etwa vier Monate später, in einem Brief an Sándor Ferenczi vom 8. April 1915, kann Freud schließlich den Abschluss

1 *The Complete Correspondence of Sigmund Freud and Ernest Jones 1908–1939*, hrsg. von R. Andrew Paskauskas, Cambridge (Mass.) / London 1993, Beiheft, S. 18.

2 Sigmund Freud / Lou Andreas-Salomé, *Briefwechsel*, hrsg. von Ernst Pfeiffer, Frankfurt a. M. 1966, S. 23.

3 Sigmund Freud / Karl Abraham, *Briefe 1907–1926*, hrsg. von Hilda C. Abraham und Ernst L. Freud, Frankfurt a. M. 1965, S. 198.

der Arbeiten melden: »Ich habe in den letzten Zeiten regelmäßig gearbeitet, den zweiten Artikel meiner synthetischen Serie fertig gemacht. Er handelt von der Verdrängung, der erste von Trieben und Triebschicksalen, der liebste wird mir der dritte sein, der das Unbewußte bearbeitet [...]«.[4]

Freuds Schrift über *Das Unbewußte*, seine »liebste«, die er 1915 in der *Zeitschrift für Psychoanalyse* publizierte, gehört zu einem Kanon von fünf Abhandlungen, die ihr Autor als metapsychologische charakterisiert. Der Ausdruck »Metapsychologie« taucht zum ersten Mal in den Briefen an Wilhelm Fliess auf, und zwar in einem Schreiben Freuds vom 13. Februar 1896: »Die Psychologie – *Meta*psychologie eigentlich – beschäftigt mich unausgesetzt [...]« Zwei Jahre später kommt Freud, im Zusammenhang mit der Arbeit an der *Traumdeutung*, noch einmal darauf zurück:

> »Es scheint mir, als ob mit der Theorie der Wunscherfüllung nur die psychologische Lösung gegeben wäre, nicht die biologische, oder besser, metapsychische. (Ich werde Dich übrigens ernsthaft fragen, ob ich für meine hinter das Bewußtsein führende Psychologie den Namen Metapsychologie gebrauchen darf.)«[5]

Der Begriff »Metapsychologie« ist, wie Freud an anderer Stelle zu verstehen gibt, bewusst dem der Metaphysik nachgebildet. Analog dazu, wie die Metaphysik als zentrale theoretische Dis-

4 Sigmund Freud / Sándor Ferenczi, *Briefwechsel*, Bd. II/1: *1914–1916*, hrsg. von Ernst Falzeder und Eva Brabant unter Mitarb. von Patrizia Giampieri-Deutsch unter der wissenschaftlichen Leitung von André Haynal, Wien/Köln/Weimar 1996, S. 116.

5 Sigmund Freud, *Briefe an Wilhelm Fliess 1887–1904*, hrsg. von Jeffrey Moussaieff Masson, Frankfurt a. M. 1986, S. 181, 329.

ziplin der Philosophie sich mit den Fundamenten, Voraussetzungen, Ursachen bzw. ersten Gründen des Seins und der Wirklichkeit beschäftigt und deren allgemeinste Strukturen, Gesetzlichkeiten und Prinzipien, ihren Sinn und Zweck überhaupt zu erkennen trachtet, muss man sich Freuds metapsychologisches Projekt vorstellen: »Man könnte sich getrauen, die Mythen vom Paradies und Sündenfall, von Gott, vom Guten und Bösen, von der Unsterblichkeit u. dgl. in solcher Weise aufzulösen, die *Metaphysik* in *Metapsychologie* umzusetzen.«[6]

Noch in einer seiner spätesten Arbeiten liebäugelte Freud mit der »Hexe Metapsychologie«: »Ohne metapsychologisches Spekulieren und Theoretisieren – beinahe hätte ich gesagt: Phantasieren – kommt man hier keinen Schritt weiter.«[7]

Eine bündige Definition dessen, was Freud unter Metapsychologie versteht, liefert er freilich am ehesten in jener Schrift, die hier näher vorgestellt werden soll:

> »Ich schlage vor, daß es eine *metapsychologische* Darstellung genannt werden soll, wenn es uns gelingt, einen psychischen Vorgang nach seinen *dynamischen, topischen* und *ökonomischen* Beziehungen zu beschreiben.« (S. 24 f.)

6 Sigmund Freud, *Zur Psychopathologie des Alltagslebens*, S. F., *Gesammelte Werke*, Frankfurt a. M. 1999 [im Folgenden zit. als: *GW*], Bd. 4, S. 288.

7 Sigmund Freud, »Die endliche und die unendliche Analyse«, GW 16, S. 69.

Der Nachweis der Existenz des Unbewussten

Der Essay *Das Unbewußte* nimmt im Freud'schen Werk insofern eine zentrale Stellung ein, als er die Annahme einer unbewussten Seelentätigkeit begründet und vertieft, die bis heute als das spezifische wissenschaftliche Merkmal der Psychoanalyse gilt. Zwar hat Freud verschiedentlich darauf hingewiesen[8], dass er nicht der Erste war, der den Begriff des Unbewussten benutzt hat – das hatten schon Philosophen vor ihm getan, etwa Eduard von Hartmann mit seiner *Philosophie des Unbewußten* (1869). Er konnte jedoch mit Recht für sich in Anspruch nehmen, durch seine Entdeckung des Verdrängungsprozesses die Basis eines konfliktpsychologisch-psychodynamischen und damit erfahrungswissenschaftlich gesicherten Modells des Unbewussten gelegt zu haben.

Freud eröffnet seine Abhandlung mit einer Rekapitulation von Argumenten und Beweisen, die die Annahme eines Unbewussten nicht nur belegen, vielmehr als zwingend notwendig erscheinen lassen sollen. Seine Beweisführung folgt besonderen Regeln, denn das Unbewusste kann man weder sehen noch messen, es lässt sich empirisch nicht unmittelbar fassen, vielmehr nur durch Interpretation dessen erschließen, was als seine Wirkung auftritt. Dabei geht er von der klinisch wie außerklinisch regelmäßig zu machenden Erfahrung aus, dass die Selbstwahrnehmung des Subjekts ausgesprochen lückenhaft ist. Ihre Lückenhaftigkeit zeigt sich besonders eindrucksvoll bei psychischen Phänomenen wie Symptomhandlungen, Fehlleistungen und Träumen. Diesen Gebilden stehen die Akteure zumeist fremd und verständnislos gegenüber und sind nicht in der Lage,

8 Vgl. z. B. Sigmund Freud, *Die Traumdeutung*, GW 2/3, S. 533 f., Fußn.

deren Bedeutung und Stellenwert im psychischen Gefüge einzuschätzen.

Freud hatte nun entdeckt, dass die genannten Phänomene dann eine Erklärung finden, wenn man psychische Vorgänge – z. B. Erinnerungen, Vorstellungen und Phantasien – voraussetzt, die dem Bewusstsein der Akteure und ihrer Selbstwahrnehmung entzogen sind. Hat der Analytiker die entsprechenden, außerhalb des Bewusstseins liegenden unbewussten Vorgänge erschlossen und der lückenhaften Selbstwahrnehmung des Subjekts hinzugefügt, eröffnet sich die Bedeutung der zuvor unverständlichen, scheinbar »sinnlosen« psychischen Phänomene, so dass ein gleichsam absichtsvoll strukturierter, nachvollziehbarer Sinnzusammenhang hervortritt. Somit erweist sich, dass neurotische Symptome, aber auch Träume und Fehlleistungen, keineswegs, wie es die konventionelle Auffassung postuliert, Ausdruck von verminderter psychischer Leistungsfähigkeit sind, sondern vielmehr entstellter Ausdruck höchst wirksamer, aber eben unbewusster Strebungen.

Ein derartiger Zugewinn an Verständlichkeit rechtfertigt in den Augen Freuds die Annahme unbewusster seelischer Vorgänge. Darüber hinaus zeigt er die Notwendigkeit an, eine neuartige Seelenkunde, eine »Tiefenpsychologie« (S. 16) zu entwickeln, die über die deskriptive Perspektive der Bewusstseinspsychologie, d. h. über das Bewusstsein und dessen unmittelbar gegebenen Erfahrungen, hinausführt. Und es gibt ein weiteres Argument für die Annahme unbewusster Seelenvorgänge: Auf sie lässt sich ein erfolgreiches, nämlich therapeutisches Handeln aufbauen, durch welches der Ablauf der bewussten Vorgänge zweckdienlich beeinflusst werden kann.

Seine Annahme einer unbewussten Seelentätigkeit grenzte Freud gegen die Position des sog. psychophysischen Parallelismus ab, die zwar nicht die Existenz unbewusster Vorgänge bestreitet, aber deren psychischen Charakter dementiert und sie als Phänomene der Physis begreift. Diese Position weist er nicht nur deshalb zurück, weil sie die »konventionelle Gleichstellung des Psychischen mit dem Bewußten« unkritisch übernimmt und den Wissenschaftler nötigt, »das Gebiet der psychologischen Forschung vorzeitig zu verlassen«, sondern auch deshalb, weil die unbewussten Vorgänge »nach ihren physischen Charakteren vollkommen unzugänglich« sind (S. 9). Vielmehr unterhalten sie entsprechend seiner Beobachtung eine ausgedehnte Beziehung zu den bewussten seelischen Akten, sie lassen sich mit einer gewissen Arbeitsleistung in sie umsetzen, durch sie ersetzen, und sie können genau mit jenen Kategorien (»Vorstellungen, Strebungen, Entschließungen u. dgl.«; S. 10) beschrieben werden, die für das bewusste Seelenleben und all die anderen Vorgänge und Ausdrucksgestalten der sinn- und sprachstrukturierten Welt Gültigkeit beanspruchen.

Freuds Einführung des Unbewussten stellt damit die bis dahin geltenden Grundannahmen der Bewusstseinspsychologie und -philosophie radikal in Frage. Für ihn ist es nicht mehr möglich, das Bewusstsein mit dem Seelischen zu identifizieren und jenes als dessen steuerndes Zentrum anzusehen. Die bahnbrechende Erkenntnis der psychoanalytischen Forschung lautet: Das Seelenleben verläuft »an sich unbewußt« (S. 13), und die »kompliziertesten Denkleistungen [sind] ohne Mittun des Bewußtseins möglich«.[9] Die Bewusstheit ist weder Voraussetzung noch regelmäßige Begleiterscheinung der seelischen Vorgänge, sondern »nur eine – überdies inkonstante – Qualität (Eigenschaft) des Psychischen«.[10]

9 Ebd., S. 598.

10 Sigmund Freud, »Some Elementary Lessons in Psycho-Analysis«, GW 17, S. 146.

Er weist dem Bewusstsein also eine neue und deutlich begrenzte Rolle als »Sinnesorgan« zu[11], mittels dessen die inneren, an sich unbewussten Prozesse mehr oder weniger gut und immer nur ausschnittweise wahrgenommen werden können. Die vom Bewusstsein geleistete Wahrnehmung unbewusster seelischer Vorgänge lässt sich mit der Wahrnehmung der Außenwelt durch die Sinnesorgane vergleichen:

> »Das Unbewußte ist das eigentlich reale Psychische, *uns nach seiner inneren Natur so unbekannt wie das Reale der Außenwelt, und uns durch die Daten des Bewußtseins ebenso unvollständig gegeben wie die Außenwelt durch die Angaben unserer Sinnesorgane*«,

heißt es in der *Traumdeutung*.[12]

Unsere Wahrnehmungs- und Erkenntnisstrukturen legen mithin unhintergehbar fest, dass wir das Unbewusste nie unmittelbar, sondern nur gefiltert oder vorgeformt, eben als Bewusstes – »nachdem es eine Umsetzung oder Übersetzung in Bewußtes erfahren hat« (S. 7) – zur Kenntnis nehmen können:

> »Wie *Kant* uns gewarnt hat, die subjektive Bedingtheit unserer Wahrnehmung nicht zu übersehen und unsere Wahrnehmung nicht für identisch mit dem unerkennbaren Wahrgenommenen zu halten, so mahnt die Psychoanalyse, die Bewußtseinswahrnehmung nicht an die Stelle des unbewußten psychischen Vorganges zu setzen, welcher ihr Objekt ist« (S. 13).

11 Freud, *Die Traumdeutung*, GW 2/3, S. 620.
12 Ebd., S. 617 f.

Solchen Erkenntnisbedingungen und -restriktionen muss sich die psychoanalytische Forschung zwangsläufig anpassen, weshalb für sie gilt, dass »die Qualität der Bewußtheit [. . .] das einzige Licht [bleibt], das uns im Dunkel des Seelenlebens leuchtet und leitet.«[13] Demgemäß besteht die wissenschaftliche Arbeit der Psychoanalyse darin, unbewusste Vorgänge in bewusste zu übersetzen und derart die Lücken in der bewussten Wahrnehmung zu schließen. Freilich lässt Freud keinen Zweifel daran, dass solche Lücken aus strukturellen Gründen nie vollständig ausgefüllt werden können. Die Spaltung von Unbewusstem und Bewusstem, von Latentem und Manifestem ist aus psychoanalytischer Sicht fundamental und unaufhebbar – sie gilt als universell und konstitutiv für alles psychische Geschehen.

Als »Kern unseres Wesens«[14] ist das Unbewusste also unauslotbar, es lässt sich nicht überwinden, ebenso wenig verdinglichen und substantiieren. Mit seinem Konzept des Unbewussten schreibt Freud damit dem Subjekt bzw. dem psychischen Geschehen ein Moment struktureller Alterität und Heterogenität ein – »der andere Schauplatz«[15] bleibt letztlich unverfügbar. An die Stelle bewusstseinszentrierter Selbstgewissheit setzt er die nicht stillstellbare Dynamik der Selbstauslegung des Subjekts und die permanente Infragestellung des Manifesten.

Er war sich dabei darüber im Klaren, dass diese Dezentrierung des Ichbewusstseins auf starke Widerstände stoßen werde, die er als Ausdruck einer narzisstischen Kränkung verstand:

13 Freud, »Some Elementary Lessons in Psycho-Analysis«, GW 17, S. 147.

14 Freud, *Die Traumdeutung*, GW 2/3, S. 609.

15 Vgl. ebd., S. 51, 541.

> »[D]ie psychoanalytische Auffassung vom Verhältnis des bewußten Ichs zum übermächtigen Unbewußten [bedeutet] eine schwere Kränkung der menschlichen Eigenliebe [...], die ich die *psychologische* nannte und an die *biologische* Kränkung durch die Deszendenzlehre [Abstammungslehre nach Darwin] und die frühere *kosmologische* durch die Entdeckung des *Kopernikus* anreihte.«[16]

Da das Unbewusste keine direkt beobachtbare Entität darstellt, hat Freud mit seinen metapsychologischen Schriften und speziell mit *Das Unbewußte* kein klassisch positivistisches Wissenssystem vorgelegt, vielmehr eine Anleitung zur Übersetzung des unbewussten psychischen Geschehens. Gleichwohl konstatiert er voller Selbstbewusstsein und Selbstvertrauen, dass es nur durch die Einführung des Konzepts des Unbewussten möglich sei, »eine umfassende und zusammenhängende Theorie des seelischen Lebens zu schaffen«[17].

Eine Topographie der Seele

An dieser Stelle muss eine wichtige Differenzierung eingeführt werden: Der Ausdruck »unbewusst« ist vieldeutig, weil er einerseits Akte umfasst, die

> »bloß latent, zeitweilig unbewußt sind, sich aber sonst von den bewußten in nichts unterscheiden, und anderseits Vorgänge wie die verdrängten, die, wenn sie bewußt würden,

16 Sigmund Freud, »Die Widerstände gegen die Psychoanalyse«, GW 14, S. 109.

17 Freud, »Some Elementary Lessons in Psycho-Analysis«, GW 17, S. 146.

sich von den übrigen bewußten aufs grellste abheben müßten« (S. 14).

Die Gruppe der Vorstellungen und Vorgänge, die vorübergehend latent, aber prinzipiell bewusstseinsfähig sind, soll deshalb »vorbewusst« genannt werden. Unbewusst im eigentlichen, systematischen Sinne dagegen sind nur die Vorstellungen und Vorgänge der zweiten Gruppe: Sie sind prinzipiell nicht bewusstseinsfähig, können nur nach Überwindung psychischer Widerstände bewusst gemacht werden und gehören deshalb einem eigenen seelischen Bereich an, nämlich dem System des Unbewussten.

Mit dieser Unterscheidung zweier psychischer Systeme will Freud die Grenzen der bloß beschreibenden, deskriptiven Psychologie – die eben nicht zwischen »vorübergehend unbewusst« und »systematisch oder dynamisch unbewusst« zu differenzieren vermag – sprengen. In diesem Sinne entwirft er ein räumliches Modell, eine Topographie des seelischen Geschehens, indem er die psychischen Abläufe in einem »seelischen Apparat« lokalisiert, den er in die Systeme Bewusstes (*Bw*), Vorbewusstes (*Vbw*) und Unbewusstes (*Ubw*) aufteilt. Die topische Sichtweise fragt dann danach, in welchem System oder zwischen welchen Systemen sich ein psychischer Akt abspielt. Sie soll den sog. dynamischen Aspekt ergänzen, der sich dem seelischen Geschehen vor allem unter dem Gesichtspunkt einander widerstrebender, konfligierender Kräfte nähert und mit dem Konzept der Verdrängung das psychische Kräftespiel zwischen abgewehrten und abwehrenden psychischen Kräften beobachtet und erklärt, wie er es in seiner metapsychologischen Schrift über *Die Verdrängung* näher ausführt.

In topischer Perspektive kann ein psychischer Akt drei Zustandsformen durchlaufen, nämlich ausgehend vom *Ubw* zum *Vbw* zum *Bw*. Zwischen den jeweiligen Systemen regulieren

Freud zufolge Zensurinstanzen den Übergang psychischer Elemente bzw. von Vorstellungen von einem zum anderen. Die Zensur an der Grenze zwischen *Ubw* und *Vbw/Bw* entspricht der Verdrängungsschranke. Wird eine Vorstellung an dieser Schwelle abgewiesen, gilt sie als verdrängt und muss unbewusst bleiben. Mit der Verdrängung ist die Vorstellung allerdings nicht aufgehoben, im Gegenteil: Im Unbewussten besteht die Vorstellung mit unverminderter Intensität und Wirksamkeit fort, sie organisiert sich nach den dort herrschenden Regeln, bildet Abkömmlinge und knüpft Verbindungen, sie »wuchert« und wächst im Dunkeln, findet extreme Ausdrucksformen, die,

> »wenn sie dem Neurotiker übersetzt und vorgehalten werden, ihm nicht nur fremd erscheinen müssen, sondern ihn auch durch die Vorspiegelung einer außerordentlichen und gefährlichen Triebstärke schrecken«.[18]

Obwohl die Systeme *Vbw* und *Bw* viele Eigenschaften miteinander teilen, besteht auch zwischen diesen beiden eine Zensurschranke, die freilich weniger rigide ist als die zwischen *Ubw* und *Vbw/Bw*. Sie wird dann wirksam, wenn die assoziative Nähe von einem ins *Vbw* gelangten Abkömmling und der unbewussten Triebregung, welche er vertritt, allzu groß und bedrohlich wird.

Zum Kardinalproblem der topischen Perspektive wird das Problem des Übergangs einer Vorstellung vom System *Ubw* zum System *Vbw/Bw*. Für Freud stellt sich hier die Frage, ob mit der Umsetzung eine neue Niederschrift desselben Inhalts in einer neuen psychischen Lokalität verbunden ist oder ob diese Umsetzung rein funktioneller Natur ist, ob sie sich also

18 Sigmund Freud, »Die Verdrängung«, GW 10, S. 251.

auf eine Zustandsänderung bzw. eine Veränderung des Besetzungszustands beschränkt.

Schließlich wirft die psychoanalytische Topik eine weitere Frage auf, nämlich die anatomische Frage nach der Lokalisation seelischer Vorgänge im Gehirn bzw. im Nervensystem. Die früher von ihm selbst angestrengten neuroanatomischen und neurophysiologischen Lokalisationsbemühungen[19] erklärt Freud insofern für gescheitert, als die Lücke zwischen einer interpretativ verfahrenden und sinnverstehenden Psychologie (die nach Vorstellungen, Affekten, Konflikten und Denkvorgängen fragt) und der Neurowissenschaft (die sich mit Nervenzellen, neuronalen Erregungsmustern und lokalisierbaren Gehirnaktivitäten beschäftigt) vorläufig nicht zu schließen sei. Auch hundert Jahre später hat sich, trotz immenser Fortschritte auf neurowissenschaftlichem Feld, an dieser Einschätzung nichts Grundsätzliches geändert.

Aber auch ohne Bezug auf anatomische Orte besitzt die Freud'sche Theorie der seelischen Orte genügend Erklärungskraft. Erkenntnistheoretisch kann die Topik als »abstrakte Idee«[20] betrachtet werden, die dem Beobachtungsmaterial zwar nicht unmittelbar entstammt (der psychische Apparat ist nicht direkt beobachtbar), ihm aber allererst seine erfahrungswertige Form verleiht und damit wissenschaftliche Erkenntnis ermöglicht.

19 Vgl. Sigmund Freud, »Entwurf einer Psychologie«, GW, Nachtragsband, S. 387 ff.

20 Vgl. Sigmund Freud. »Triebe und Triebschicksale«, GW 10, S. 210.

Im Weiteren fragt Freud danach, welche seelischen Elemente und Vorgänge im System *Ubw* angesiedelt sind, durch Verdrängung dorthin gelangen und dort festgehalten werden. Die komprimierte Antwort lautet: »Der Kern des *Ubw* besteht aus Triebrepräsentanzen« (S. 29). Repräsentanzen des Triebes sind die sog. Vorstellungen sowie die Affekte – allein durch sie wird der Trieb im Seelenleben repräsentiert, und nur durch sie wird der Trieb zur psychischen Größe und zum Gegenstand der Psychoanalyse: Ohne Repräsentation können wir nichts von ihm wissen (S. 20). Vorstellung und Affekt repräsentieren also gemeinsam den Trieb. Während die Vorstellung als besetzte Erinnerungsspur (S. 18) die inhaltliche Seite der Triebregung repräsentiert, vertritt der Affekt den quantitativen Faktor der Triebregung (S. 20). Dieser quantitative Faktor bezeichnet jene psychische Energie, mit der Freud zufolge die Triebregung ausgestattet ist. Demgemäß geht ein Triebabfuhrvorgang mit einer Affektbildung einher, d. h. die Affekte begleiten die Abfuhrvorgänge und können, wenn sie ins System *Bw* vordringen, als Empfindungen von Lust oder Unlust, von Wut oder Freude etc. wahrgenommen werden.

Mit dem quantitativen Faktor führt Freud eine weitere theoretische Betrachtungsweise, eine »abstrakte Idee« ein, die er als ökonomische bezeichnet (S. 24). Ihr fällt die Aufgabe zu, »die Schicksale der Erregungsgrößen zu verfolgen und eine wenigstens relative Schätzung derselben zu gewinnen« (ebd.). Anwendung und Zusammenfügung der bereits oben erwähnten drei theoretischen Perspektiven – der topischen, der dynamischen und der ökonomischen – soll als metapsychologische Darstellung eines psychischen Vorgangs bezeichnet werden.

Doch zurück zu der Frage, was ins Unbewusste eingeschrieben wird, welche psychischen Elemente verdrängt und dort abgelagert werden. Bei der Verdrängung, schreibt Freud, findet »eine Trennung des Affekts von seiner Vorstellung [statt], worauf beide ihren gesonderten Schicksalen entgegengehen« (S. 22). Nur die Trieb-Vorstellung – als »besetzte Erinnerungsspur« – kann im eigentlichen Sinne verdrängt werden, denn nur sie wird nach der Verdrängung als reale Bildung im System *Ubw* abgelagert und bleibt dort bestehen. Demgegenüber wird der Affekt nicht ins Unbewusste eingeschrieben und kann in diesem Sinne auch nicht unbewusst werden – man kann sagen, er werde eher unterdrückt als verdrängt. Im Unbewussten finden sich keine fixierten Affektrepräsentanzen, sondern lediglich Ansatzpunkte und -möglichkeiten für Affektentwicklungen. Letztere können jederzeit durch unbewusste Prozesse angestoßen werden. In der Unterdrückung der Affektentwicklung – und damit in einer für den psychischen Apparat unwillkommenen Triebabfuhr bzw. Umsetzung der Triebregung in Affektausdruck – erkennt Freud »das eigentliche Ziel der Verdrängung« (S. 20). Der Affekt (bzw. die Affektseite) einer Triebregung kann bei einem Verdrängungsvorgang folgende Schicksale erleiden:

> »[D]er Affekt bleibt entweder – ganz oder teilweise – als solcher bestehen, oder er erfährt eine Verwandlung in einen qualitativ anderen Affektbetrag, vor allem in Angst, oder er wird unterdrückt« (S. 20).

Die Umsetzung der Triebenergie, des Affektanteils der Triebregung, in Angst ist in klinischer Hinsicht von besonderer Relevanz. Denn bei diesem Triebschicksal wird das Grundmotiv aller Verdrängung, die Vermeidung von Unlust, in dramatischem Ausmaß verfehlt. Dafür gibt Freud ein Exempel, indem er den Verdrängungsvorgang und die Symptombildung anhand der Angsthysterie, genauer: einer Tierphobie, im Einzelnen durchbuchstabiert. Anhand dieses Lehrbeispiels veranschaulicht er also sein metapsychologisches Konzept, indem er das Zusammenwirken von topischer, dynamischer und ökonomischer Betrachtungsweise demonstriert:

Eine unbewusste Triebregung, etwa eine Liebesregung, drängt ins *Vbw* und wird von der Zensur abgewiesen. Das sie auszeichnende Energiequantum, der Affektbetrag der Triebregung, wird unmittelbar als Angst abgeführt. Das Subjekt erleidet also einen Angstanfall, weiß indessen in der Regel nicht, wovor es Angst hat. Bei einer Wiederholung des Vorgangs (wenn der Triebwunsch eine erneute Besetzung erfährt und ins *Bw* drängt) vollzieht sich ein erster unbewusster Bewältigungsversuch: Die Besetzung wendet sich von der ursprünglichen Triebvorstellung ab und einer Ersatzvorstellung zu. Bei einer entstehenden Tierphobie ist dies naheliegenderweise ein angsteinflößendes Tier. Eine derartige Ersatzvorstellung ist nun nicht beliebig, sondern muss als Verschiebungsersatz auch tauglich sein: Einerseits muss sie mit der abgewiesenen verdrängten Vorstellung, der ursprünglichen Triebregung, assoziativ in Zusammenhang stehen; andererseits muss sie weit genug von ihr entfernt sein, um die Zensurschranke zu umgehen. Das bedeutet, dass sie dem betroffenen Subjekt angesichts seiner Angstattacken eine halbwegs logische Begründung, eine Rationalisierung seiner Ängste, erlauben muss (»Hunde sind gefährlich«).

Die Ersatzvorstellung spielt für das System *Vbw/Bw* die Rolle einer Gegenbesetzung, da sie es gegen das Auftauchen der verdrängten Vorstellung absichert. Zugleich ist die Ersatzvorstellung der Ausgangspunkt für die Entbindung von Affekten, also für die pathologische Abfuhr von Triebenergie: Der Phobiker verspürt nun unter zweierlei Bedingungen Angst, zum einen, wenn die verdrängte Liebesregung eine Verstärkung erfährt, zum andern, wenn »das gefährliche Tier« wahrgenommen wird. Die Ersatzvorstellung wird zur selbständigen Quelle der Angstentbindung, und sie wird als Angstbedingung im weiteren Krankheitsverlauf immer wichtiger. Der Betroffene kann sich beispielsweise so verhalten, als verspüre er gegenüber dem ursprünglichen, verdrängungsauslösenden Triebobjekt keinerlei konflikthafte und ängstigende Gefühle, sondern einzig und allein gegenüber dem phobischen Ersatzobjekt. Dass die Tierphobie aus einer unbewussten Triebquelle, aus dem System *Ubw* herrührt, verrät sich lediglich dadurch, dass sie sich gegen jede Beeinflussung durch das System *Bw* als äußerst resistent erweist.

Der Verdrängungsvorgang kann mit dieser Lösung jedoch keineswegs als abgeschlossen gelten, seine unlustunterbindende Funktion ist bei weitem noch nicht erfüllt. Denn die von der Ersatzbildung ausgehende Angstentwicklung muss gehemmt werden. Die betroffene Person beginnt also damit, mit besonderer Intensität das Assoziationsumfeld der Ersatzvorstellung zu besetzen. Im Fall der Tierphobie kann das z. B. bedeuten, dass der Patient irgendwann nicht mehr nur der Begegnung mit Hunden aus dem Weg geht, sondern dass er schließlich sogar überhaupt Gegenden meidet, in denen er Hunden begegnen könnte. Wenn in diesem erweiterten Umfeld Wahrnehmungsreize auftauchen, die mit der Ersatzvorstellung verknüpft sind, dann erfolgt eine gemäßigte Angstentwicklung, die als Signal dafür dient, sich durch Fluchtverhalten einer weiteren Entwicklung zu größeren und unkontrollierbaren Ängsten zu entziehen. Auf diese Weise soll eine Begegnung mit der Ersatzvorstellung möglichst großräumig umgangen werden:

> »Der Ausdruck der Flucht vor bewußter Besetzung der Ersatzvorstellung sind die Vermeidungen, Verzichte und Verbote, an denen man die Angsthysterie erkennt. Überschaut

man den ganzen Vorgang, so kann man sagen, die dritte Phase hat die Arbeit der zweiten in größerem Ausmaß wiederholt. Das System *Bw* schützt sich jetzt gegen die Aktivierung der Ersatzvorstellung durch die Gegenbesetzung der Umgebung, wie es sich vorhin durch die Besetzung der Ersatzvorstellung gegen das Auftauchen der verdrängten Vorstellung gesichert hatte« (S. 27).

Die phobische Abwehrreaktion bewirkt, dass die Triebgefahr nach außen projiziert wird. »Das Ich«, schreibt Freud,

> »benimmt sich so, als ob ihm die Gefahr der Angstentwicklung nicht von einer Triebregung, sondern von einer Wahrnehmung her drohte, und darf darum gegen diese äußere Gefahr mit den Fluchtversuchen der phobischen Vermeidungen reagieren« (S. 27 f.).

Freud lässt keinen Zweifel daran, dass derartige Vermeidungsstrategien zur Eindämmung der Angst keine wirkliche Lösung des Problems, sondern im Gegenteil eine erhebliche Einbuße an persönlicher Freiheit bedeuten:

> »Fluchtversuche vor Triebansprüchen sind aber im allgemeinen nutzlos, und das Ergebnis der phobischen Flucht bleibt doch unbefriedigend« (S. 28).

Die Eigenschaften des Unbewussten

Im System *Ubw* herrschen andere Gesetzmäßigkeiten als im System *Vbw*. Die Triebrepräsentanzen und Wunschregungen, die den Kern des *Ubw* bilden, wollen ihre Besetzung so schnell wie möglich abführen (S. 29). Der von Freud benutzte Begriff der »Besetzung« besagt, dass die Triebrepräsentanzen, d. h. die Wunschvorstellungen und -erinnerungen, mit unterschiedlich großen Mengen an Triebenergie ausgestattet sind. Diese Energiebeträge, die den psychischen Apparat unter Spannung setzen, sollen im *Ubw* auf kürzestem Wege abgeführt werden. Für diese Funktionsweise des *Ubw* prägt Freud den Begriff »Primärvorgang«. Im Primärvorgang strömt die Triebenergie freier und ungebundener ab, geht nach den Mechanismen der Verdichtung und Verschiebung von einer Vorstellung auf die andere über mit dem Ziel, jene Vorstellungen und Erinnerungsbilder zu besetzen, die mit Befriedigungserlebnissen assoziiert sind, um auf diese Weise eine imaginäre (»halluzinatorische«)[21] Wunscherfüllung zu erreichen. Freud hat diese assoziativ strukturierten Abfuhrvorgänge in verschiedenen Forschungsfeldern – vor allem auf dem der Analyse von Träumen – rekonstruiert und vermochte nachzuweisen, dass sämtliche Bildungen des *Ubw* (der Traum, das neurotische Symptom, die Fehlleistungen) mehr oder weniger entstellte Wunscherfüllungen darstellen. Beim Primärvorgang, d. h. im unbewussten Denken, gibt es keine Negation, keinen Widerspruch, keine Zeitbeziehung, keine Rücksicht auf die Realität – es herrscht allein das Lustprinzip, das auf kürzestem Wege Wunscherfüllung anstrebt.

Im System *Vbw* dominiert hingegen der sog. »Sekundärvorgang«. Er bezeichnet das bewusste und bewusstseinsfähige, das wache, ichgerechte Denken und zeichnet sich durch eine Hemmung der Abfuhrneigungen aus. Statt so schnell wie möglich in Richtung Wunscherfüllung abzuströmen, ist die Besetzungsenergie im Sekundärprozess in bestimmten Vorstellungsgruppen und Assoziationsfeldern – den üblichen ichgerechten Denkwegen – gebunden und gespeichert. Das be-

21 Freud, *Die Traumdeutung*, GW 2/3, S. 604.

deutet, dass die Wunscherfüllung aufgeschoben und mit den Erfordernissen der Realität abgeglichen und in Einklang gebracht werden kann.

Mit der Einsicht in den Primärvorgang und seine systemspezifischen ökonomischen und bedeutungsgenerierenden Regeln fügt Freud seiner Deutung des Unbewussten eine entwicklungspsychologische, diachrone Bestimmung hinzu. Aus dieser Ergänzung ergibt sich, dass es nicht mehr allein das Verdrängte ist, welches das *Ubw* kennzeichnet. Vielmehr verleiht er dem *Ubw* einen zusätzlichen Charakter, nämlich den des Ursprünglichen und Uranfänglichen. Im System *Ubw* herrschen nicht nur die geringer strukturierten Funktionsweisen vor, es umfasst auch von Geburt an bestimmte archaische Inhalte:

> »Den Inhalt des *Ubw* kann man einer psychischen Urbevölkerung vergleichen. Wenn es beim Menschen ererbte psychische Bildungen, etwas dem Instinkt der Tiere Analoges gibt, so macht dies den Kern des *Ubw* aus. Dazu kommt später das während der Kindheitsentwicklung als unbrauchbar Beseitigte hinzu« (S. 38).

Demgemäß besteht das Unbewusste aus einem phylogenetisch, also im Laufe der Entwicklungsgeschichte der Menschheit ererbten Anteil, dem später ein ontogenetisch, also im Laufe der Entwicklung des Individuums erworbener Anteil – das Verdrängte – hinzugefügt wird.

Freilich muss hier klargestellt werden, dass das *Ubw* mehr ist als ein abgeschottetes Entwicklungsresiduum, mehr als eine bloße Abstellkammer für Rudimentäres und Primitives. Denn es unterhält eine ganze Reihe bedeutender Beziehungen zum *Vbw* und *Bw* und damit zu jenen Instanzen, die für die Wahrnehmung und Verarbeitung äußerer Einflüsse und für die Anpassung des Individuums an seine inneren und äußeren Bedingungen zuständig sind. Mithilfe von sog. »Abkömmlingen« setzt sich das *Ubw* fortwährend zum *Vbw* in Beziehung und nimmt an den Wechselwirkungen und am Austausch des psychischen Apparats mit den Objekten und der Umwelt teil.

Ein solcher Abkömmling sind die Phantasiebildungen. In ihnen verbinden sich Merkmale verschiedener psychischer Systeme, also des *Bw*, des *Vbw* und des *Ubw*. Einerseits können die »Phantasiebildungen« hochorganisiert und widerspruchsfrei sein und alle Erwerbungen des Systems *Bw* verwertet haben; andererseits können sie unbewusst sein und daher unfähig, ins Bewusstsein zu treten. Nicht zuletzt an den Phantasien und ihren unterschiedlichen Erscheinungsformen, die von bewussten, vorbewussten, unterschwelligen bis hin zu unbewussten Phantasien – die zwar nie bewusst werden, aber dem manifesten Material zugrunde liegen und durch Deutung und Konstruktion in Bewusstes übersetzt werden können – reichen, kann Freud die Übergänge zwischen den Systemen verdeutlichen und darlegen, wie der Austausch und der Verkehr zwischen den Systemen verläuft. Die Phantasiebildungen, schreibt Freud,

> »kommen nahe ans Bewußtsein heran, bleiben ungestört, solange sie keine intensive Besetzung haben, werden aber zurückgeworfen, sobald sie eine gewisse Höhe der Besetzung überschreiten« (S. 34).

Gerade die Analyse der Phantasiebildungen zeigt, dass zwischen *Vbw* und *Bw* ebenfalls eine Zensurinstanz liegen muss. Wenn ein Abkömmling einer unbewussten Triebregung ins *Vbw* gelangt ist, dort eine große Besetzungsintensität erreicht hat und sich dem *Bw* aufdrängen möchte, dann kann er bei diesem Vorgang als Abkömmling des *Ubw* identifiziert und an der

Zensurgrenze zwischen *Vbw* und *Bw* ein weiteres Mal verdrängt werden.

> »Die erstere Zensur funktioniert so gegen das *Ubw* selbst, die letztere gegen die *vbw* Abkömmlinge derselben. Man könnte meinen, die Zensur habe sich im Laufe der individuellen Entwicklung um ein Stück vorgeschoben« (S. 36).

Wenn allerdings ein Abkömmling des *Ubw* im *Vbw* in Gestalt einer Phantasie angesiedelt ist, dann kann er, bei ausreichender Entstellung, gegenüber der *ubw* Vorstellung, von dort aus prinzipiell den Übergang ins *Bw* schaffen. Diese Beispiele aus dem Bereich der Phantasie demonstrieren, dass die Systeme miteinander verkehren, dass sie in gewisser Weise miteinander kooperieren und sich wechselseitig beeinflussen können.

Genau auf diesem Verkehr und Austausch zwischen den Systemen beruhen auch das Verfahren und die Chancen der psychoanalytischen Therapie. Dazu merkt Freud an:

> »Wir fordern den Kranken auf, reichlich Abkömmlinge des *Ubw* zu bilden, verpflichten ihn dazu, die Einwendungen der Zensur gegen das Bewußtwerden dieser vorbewußten Bildungen zu überwinden, und bahnen uns durch die Besiegung dieser Zensur den Weg zur Aufhebung der Verdrängung, die das Werk der früheren Zensur ist« (ebd.)

Wort- und Sachvorstellungen

Im Schlussabschnitt von *Das Unbewußte* versucht sich Freud an noch einer weiteren Identifizierung des *Ubw*, indem er den Blick auf die narzisstischen Psychoneurosen lenkt, zu denen zu seiner Zeit die Schizophrenie gezählt wurde, und sie den

Übertragungsneurosen (Hysterie, Zwangsneurose etc.) gegenüberstellt. Schizophrenie charakterisiert Freud als einen primitiven narzisstischen Zustand, in dem alle Objektbesetzungen aufgegeben worden sind. Eine weitere Eigentümlichkeit dieser psychischen Störung bestehe darin, dass der Schizophrene vieles als bewusst äußere, was bei den Übertragungsneurosen erst durch Psychoanalyse im Unbewussten nachgewiesen werden müsse (vgl. S. 40).

Ferner war ihm aufgefallen, dass der Schizophrene die Wörter und die Sprache anders behandelt als der Gesunde oder der Neurotiker (S. 40 f.). Die schizophrene Ausdrucksweise wirke geziert, unkonventionell und erscheine mit ihren typischen Neologismen geradezu erfinderisch. Im schizophrenen Denken, so Freuds Schlussfolgerung, werden Wörter und Sätze dem psychischen Primärprozess unterworfen, indem sie durch Verschiebung und Verdichtung ihre Besetzungen und Bedeutungen einander übertragen. Eine schizophrene Wortschöpfung (z. B. »Augenverdreher«, vgl. S. 41) vermag durch Überlagerungen und Überdeterminierung eine ganze Gedankenkette zu ersetzen.

Diese Eigenart der Schizophrenie in Abgrenzung gegen die Neurose erklärt Freud folgendermaßen: Das Besondere an der schizophrenen Ersatzbildung und Symptomatik sei »das Überwiegen der Wortbeziehung über die Sachbeziehung« (S. 44), d. h. das Wortregister sei wichtiger als das Sachregister. Die schizophrenen Bildungen imponieren eher durch ihre sprachlichen Bezüge als durch ihre Sach- und Objektbezogenheit. Diesem Charakteristikum der Schizophrenie sucht er durch die Einführung zweier neuer Begriffe, »Wortvorstellung« vs. »Sachvorstellung«, gerecht zu werden.

Dieses komplexe Begriffspaar wirft bis heute eine Reihe von sprach-, gedächtnis- und kognitionstheoretischen Fragen auf. Zunächst muss darauf hingewiesen werden, dass Freud den

Vorstellungsbegriff in anderer Weise gebraucht, als dies etwa in der Philosophie üblich war. Während er dort im ich- und bewusstseinszentrierten Sinne benutzt wird (Kant etwa in der *Kritik der reinen Vernunft* in § 16 »Von der ursprünglich-synthetischen Einheit der Apperzeption« [B 131 f.]: »Das: *Ich denke*, muß alle meine Vorstellungen begleiten *können*; denn sonst würde etwas in mir vorgestellt werden, was gar nicht gedacht werden könnte, welches eben so viel heißt, als die Vorstellung würde entweder unmöglich, oder wenigstens für mich nichts sein«[22]), begreift Freud die Vorstellung als eine an sich unbewusste Erinnerungsspur (Engramm), welche ein Ereignis im Subjekt bzw. seinen Erinnerungssystemen hinterlassen hat. Ob, wann und wie diese Erinnerungsspur bewusst und (als bewusstes Erinnerungsbild) zu einer erlebbaren oder gar reflexiven Größe wird oder ob sie im *Ubw* verbleibt und als *ubw* Vorstellung aktiv wird und psychische Wirkungen entfaltet, ist eine Frage der Besetzung bzw. der Entziehung von Besetzung.

Entsprechend Freuds Bestimmung sollen die Sachvorstellungen den eigentlichen unbewussten Vorstellungen entsprechen, sie befinden sich also im System *Ubw* und in den *ubw* Erinnerungssystemen. Sie leiten sich vom Erlebten ab und gehen auf den Eindruck zurück, welchen das Objekt des Triebes beim Subjekt bzw. im psychischen Apparat und den entsprechenden Gedächtnisspeichern durch triebvermittelte Interaktion hinterlassen hat. Sachvorstellungen sind »Sachbesetzungen der Objekte, die ersten und eigentlichen Objektbesetzungen« (S. 45). Den Sachvorstellungen, den Spuren, die die Objekte hinterlassen haben, schreibt er zumeist visuellen Charakter zu (Erinnerungsbilder), gesteht aber an anderer

22 Immanuel Kant, *Kritik der reinen Vernunft*, hrsg. von Ingeborg Heidemann, Stuttgart 1966 [u. ö.], S. 175.

Stelle zu[23], dass sie von ihrer Materialität her eigentlich unerkannt bleiben. Gemäß seiner Konzeption stehen sie in einer unmittelbareren Beziehung zum Objekt als die Wortvorstellungen: Im Falle der sog. »halluzinatorischen Wunscherfüllung« hält das Kind die Sachvorstellung, das Erinnerungsbild, für ein Äquivalent des Befriedigung spendenden Objekts, besetzt es in dessen Abwesenheit und kann Opfer einer Sinnestäuschung werden. Im Gegensatz dazu sind Wortvorstellungen akustischer Natur, leiten sich vom gehörten Wort ab, und stehen insofern zum Objekt in einer nur mittelbaren Beziehung.

Mit der Gegenüberstellung von Sach- und Wortvorstellung möchte Freud nicht nur die klinische Differenzierung zwischen Übertragungsneurose und Schizophrenie plausibilisieren. Zugleich verfolgt er damit auch seine eigenen metapsychologischen Interessen, indem er weitere Kriterien entwickelt, die es ihm erlauben, zwischen unbewussten und vorbewussten/bewussten Vorstellungen zu unterscheiden und die Frage zu beantworten, wie unbewusste Vorstellungen Bewusstseinsfähigkeit erlangen können:

> »Mit einem Male glauben wir nun zu wissen, wodurch sich eine bewußte Vorstellung von einer unbewußten unterscheidet. Die beiden sind nicht, wie wir gemeint haben, verschiedene Niederschriften desselben Inhaltes an verschiedenen psychischen Orten, auch nicht verschiedene funktionelle Besetzungszustände an demselben Orte, sondern die bewußte Vorstellung umfaßt die Sachvorstellung plus der zugehörigen Wortvorstellung, die unbewußte ist die Sachvorstellung allein. Das System *Ubw* enthält die Sachbesetzungen der Objekte, die ersten und eigentlichen Objektbe-

23 Sigmund Freud, *Das Ich und das Es*, GW 13, S. 247.

> setzungen; das System *Vbw* entsteht, indem diese Sachvorstellung durch die Verknüpfung mit den ihr entsprechenden Wortvorstellungen überbesetzt wird. Solche Überbesetzungen, können wir vermuten, sind es, welche eine höhere psychische Organisation herbeiführen und die Ablösung des Primärvorganges durch den im *Vbw* herrschenden Sekundärvorgang ermöglichen. Wir können jetzt auch präzise ausdrücken, was die Verdrängung bei den Übertragungsneurosen der zurückgewiesenen Vorstellung verweigert: Die Übersetzung in Worte, welche mit dem Objekt verknüpft bleiben sollen. Die nicht in Worte gefaßte Vorstellung oder der nicht überbesetzte psychische Akt bleibt dann im *Ubw* als verdrängt zurück« (S. 45).

Hier stellt sich zwangsläufig die Frage, ob die Vorgänge der Symptom- und Ersatzbildung bei der Schizophrenie überhaupt noch irgendeine Gemeinsamkeit mit der Verdrängung bei den Übertragungsneurosen aufweisen. Im Fall der Letzteren hat die Verdrängung anscheinend die Funktion, psychische Vorgänge und Vorstellungen vom Bewusstsein fernzuhalten. Ein derartiges Fernhalten vom Bewusstsein, Sinn und Zweck des Verdrängungsmechanismus bei den Übertragungsneurosen, wird hingegen bei der Schizophrenie weder angestrebt noch erzielt. Das Gemeinsame beider Pathologien bleibt aber der Fluchtversuch des Ichs vor der Objektbesetzung: Die Schizophrenie entzieht der Objekt- bzw. Sachvorstellung die Besetzung, bewahrt aber die Wortvorstellung und intensiviert sie noch. Die dadurch bewirkte Überbesetzung der Sprache kann man als einen Wiederherstellungs- und Heilungsversuch deuten: In der Überbesetzung der Wortvorstellungen kann man die Anstrengung der Schizophrenen erkennen, die verlorenen Objekte wiederzugewinnen, indem sie diese mit Worten zurückerobern wollen. Dieser Mechanismus ist nicht allein der Schizophrenie vorbehalten. Denn ganz generell gilt: Je abstrakter wir denken, desto mehr vernachlässigen wir die Sachvorstellungen. Man darf deshalb sagen, dass die Philosophie in der Tat gelegentlich gewisse Ähnlichkeiten mit dem schizophrenen Diskurs annehmen kann.

Inhalt